Wenn das Geld nicht reicht

Beobachter-Edition
5., aktualisierte Auflage, 2021
© 2016 Ringier Axel Springer Schweiz AG, Zürich
Alle Rechte vorbehalten
www.beobachter.ch

Herausgeber: Der Schweizerische Beobachter, Zürich, in Zusammenarbeit
mit der Schweizerischen Gemeinnützigen Gesellschaft
Lektorat: Käthi Zeugin, Zürich; Barbara Haab
Umschlaggestaltung und Reihenkonzept: fraufederer.ch
Umschlagillustration: illumueller
Satz: Bruno Bolliger, Gudo
Druck: CPI Books GmbH, Ulm

ISBN 978-3-03875-381-0

Zufrieden mit den Beobachter-Ratgebern?
Bewerten Sie unsere Ratgeber-Bücher im Shop:
www.beobachter.ch/buchshop

Mit dem Beobachter online in Kontakt:
 www.facebook.com/beobachtermagazin

www.twitter.com/BeobachterRat

CORINNE STREBEL SCHLATTER

Wenn das Geld nicht reicht

So funktionieren die Sozialversicherungen und die Sozialhilfe

Schweizerische Gemeinnützige Gesellschaft
Société suisse d'utilité publique
Società svizzera di utilità pubblica
Societad svizra d'utilitad publica

Ein Ratgeber aus der Beobachter-Praxis

Die Autorin

Corinne Strebel Schlatter (Pflegefachfrau HF, Bachelor of Science in Sozialer Arbeit) arbeitet als Beraterin und Redaktorin im Beobachter-Beratungszentrum. Sie beantwortet Fragen zu den Themen Sozialhilfe, Schulrecht, Erwachsenenschutz, Familien- und Kinderrecht, Sozialversicherungs- und Arbeitsrecht. Daneben engagiert sie sich als Schulpflegepräsidentin.

Fachlektorat
Walter Noser, ehemaliger Berater für soziale Themen, Schulfragen und Familienrecht im Beobachter-Beratungszentrum sowie Geschäftsführer der Stiftungen SOS Beobachter und Humanitas.

Dank
Ein ganz besonderer Dank gilt Walter Noser für die gute und konstruktive Zusammenarbeit, die vielen wertvollen Tipps und das Fachlektorat. Ein grosses Dankeschön geht an Alexandra Kaiser, Esther Seydoux, Irmtraud Bräunlich Keller, Lucia Schmutz, Marcel Weigele, Michael Krampf und Nathalie Hirsiger für ihre wertvolle Unterstützung in juristischen Fragen. Käthi Zeugin danke ich für das Lektorat und die angenehme, unkomplizierte Zusammenarbeit.

Download-Angebot zu diesem Buch
Die Musterbriefe im Anhang stehen online bereit zum Herunterladen und selber Bearbeiten: www.beobachter.ch/download (Code 9971).

Inhalt

Vorwort 11

1 Not macht erfinderisch 13

Was tun, wenn das Geld knapp ist? 14
Günstige Lebensmittel und Hygieneartikel 15
Trotzdem am Gesellschaftsleben teilnehmen: KulturLegi 17
Kleider, Schuhe, Sportartikel 18
Trotz knappem Budget ins Restaurant 19
Schöne Ferien auch mit wenig Geld 21
Unterstützung durch Hilfswerke 23
Gute Bildung verhindert Armut 23
Lohnerhöhung beantragen 25
Wenn die Alimente nicht bezahlt werden 26
Erbvorbezug oder Schenkung – ein Ausweg? 28

Stolpersteine, wenn das Geld knapp ist 32
Leasing ist etwas für Reiche 32
Vorzeitig aus dem Leasingvertrag aussteigen 34
Der Leasingvertrag läuft aus 35
Kredit aufnehmen – Schuldenfalle par excellence 36
Wenn Sie die Raten nicht mehr bezahlen können 38

Mehr ausgeben als einnehmen? Budget und Schulden 39
Nicht sparen, einteilen! 40
Schulden und der Weg aus der Sackgasse 43
Ist der Privatkonkurs eine Lösung? 46

Der Tolggen im Reinheft: Betreibungen 48
Zahlungsbefehl und Rechtsvorschlag 48
Die Konsequenzen der Betreibung 50
Einträge im Betreibungsregister löschen 52

❷ Das Netz der sozialen Sicherheit 55

Job verloren – die Arbeitslosenversicherung 56
Wann gibt es Geld? 57
Wie beantragt man Arbeitslosentaggeld? 59
Wie viel Geld gibt es? 60
Ausgesteuert – was nun? 63

Baby born – die Mutterschaftsentschädigung 64
Wann gibt es Geld? 65
Wie beantragt man Mutterschaftsentschädigung? 65
Wie viel Geld gibt es? 66

Die Absicherung bei Krankheit und Unfall 67
Was die Krankenkasse zahlen muss 67
So können Sie bei der Krankenkasse sparen 69
Zusatzversicherungen sind meist unnötig 72
Krankentaggeldversicherung 73
Die obligatorische Unfallversicherung 74

Nichts geht mehr: die Invalidenversicherung 77
Wann gibt es Geld? 78
Wie beantragt man die Leistungen? 79
Wie viel Rente gibt es? 81

AHV – die erste Säule der Altersvorsorge 83
Die Beiträge an die AHV 83

Wann gibt es Geld? 85
Wie beantragt man die AHV-Rente? 87
Wie viel Geld gibt es? 89

Pensionskasse – die zweite Säule der Altersvorsorge 90
Wann gibt es Geld? 91
Wie beantragt man die Leistungen der Pensionskasse? 92
Wie viel Geld gibt es? 94

Die Renten reichen nicht: Ergänzungsleistungen 95
Wann gibt es Ergänzungsleistungen? 95
Wie beantragt man Ergänzungsleistungen? 99
Wie viel Geld gibt es? 100

3 Der Anspruch auf Sozialhilfe 105

Wann leistet der Sozialdienst Unterstützung? 106
Das Subsidiaritätsprinzip 106
Sozialhilfegelder sind keine Almosen 108
Kein oder zu wenig Einkommen: Unterstützung
von der Sozialhilfe 109

Die Anmeldung für Sozialhilfe 112
Was macht ein Sozialdienst? 113
Der richtige Zeitpunkt für die Anmeldung 114
Wenn die Unterstützung verweigert wird 116

Wer hat Anspruch auf Sozialhilfe? 117
Braucht man einen Schweizer Pass? 117
Sozialhilfe für Schweizer und Schweizerinnen im Ausland 120

4 Sozialhilfe beziehen ... 125

Die Sozialhilfe ist kantonal geregelt ... 126
Skos-Richtlinien als Leitplanken ... 126
Kantönligeist: grosse Unterschiede ... 127

Ihre Rechte und Pflichten, wenn Sie Sozialhilfe beziehen ... 129
Rechtliches Gehör und mehr: Ihre Rechte ... 129
Auskunfts- und Meldepflicht ... 131
Minderung der Bedürftigkeit ... 132

Wie viel Sozialhilfe gibt es? ... 134
Das soziale Existenzminimum ... 134
Der Grundbedarf für den Lebensunterhalt ... 136
Wohnkosten in der Mietwohnung ... 138
Was gilt bei Wohneigentum? ... 140
Medizinische Grundversorgung ... 141

Sozialhilfe hängt von der Lebenssituation ab ... 144
Sozialhilfe für Paare und Familien ... 144
Sozialhilfe in Wohngemeinschaften ... 147
Sozialhilfe für junge Erwachsene unter 25 ... 149

Zusätzlich bezahlt: situationsbedingte Leistungen ... 152
Krankheits- und behinderungsbedingte Leistungen ... 152
Erwerbskosten, die nicht vom Arbeitgeber bezahlt sind ... 153
Integration und Betreuung von Kindern und Jugendlichen ... 154
Weitere situationsbedingte Leistungen (Besuchsrecht
bei getrennten oder geschiedenen Eltern) ... 155
Integrationsmassnahmen ... 156
Einsatz soll sich lohnen: Einkommensfreibeträge
und Integrationszulagen ... 158

Offene Rechnungen und Schulden 160
Schulden bei Vermieter und Krankenkasse 160
Alimentenschulden 161
Steuerschulden 163
Prämienschulden bei Lebensversicherungen 164

Wenn die Sozialhilfe Vorschuss leistet 165
Warten auf IV- und andere Gelder 166
Gelder dem Sozialdienst abtreten 169

Die Verwandtenunterstützung 170
Wer muss Verwandte unterstützen? 171
Wie hoch ist die Verwandtenunterstützung? 172

Einzelfragen 174
Geschenke annehmen? 174
Das Auto behalten? 175
Aus- und Weiterbildung 176
Liegen Ferien drin? 177
Alleinerziehend – ab wann muss man erwerbstätig sein? ... 178
Können Selbständigerwerbende Sozialhilfe beziehen? 178
Vorbezug von Altersguthaben 179

Sozialhilfe ist kein Geschenk: die Rückerstattung 181
Einmal arm, immer arm? 181
Wann verjähren Sozialhilfeschulden? 184

Finanziell eigenständig werden und bleiben 186
Das Wichtigste: wieder eine Arbeit finden 186
Nicht mehr abhängig von der Sozialhilfe 189

5 Sich wehren? Gewusst wie 193

Sozialhilfe ist nicht willkürlich 194
Anträge und Gesuche stellen 194
Aufsichtsbeschwerden 195
Die beschwerdefähige Verfügung 196
Beschwerde, Rekurs und Einsprache 199
Wiedererwägungsgesuch 200
Braucht man einen Anwalt? 201

Kürzungen und Missbrauchsvorwürfe 202
Wie viel kann gekürzt werden? 202
Missbrauch wird bestraft 203

Nachwort des Mitherausgebers 205

Anhang 207

Musterbriefe 208
Kantonale Sozialhilfegesetze, Verordnungen
und Handbücher 212
Nützliche Adressen und Links 216
Weiterführende Bücher 221

Vorwort

Es gibt ganz unterschiedliche Gründe, warum das Geld nicht oder nur knapp bis zum Monatsende ausreicht. Es kann ein Unfall oder eine lang andauernde Krankheit, eine gekürzte oder gestrichene Invalidenrente, eine längere Arbeitslosigkeit oder eine Scheidung sein. Corona bedeutet für viele Personen in der Schweiz ein zusätzliches Armutsrisiko. Wie sich das längerfristig auf die Armut in der Schweiz auswirken wird, ist noch nicht abschätzbar. Klar ist aber, dass zurzeit viele Menschen den Gürtel enger schnallen müssen.

Wichtig bei einem knappen Budget ist es, sich gut zu informieren. Zum Beispiel darüber, welche Ansprüche man bei Sozialversicherungen oder der Sozialhilfe geltend machen kann. Aber auch, wie man ein realistisches Budget erstellt. Das ist eine zentrale Grundlage, um längerfristig die Ausgaben im Griff zu behalten.

Dieser Ratgeber zeigt im ersten Kapitel, welche Wege aus einem finanziellen Engpass wieder hinausführen können. Das zweite Kapitel gibt Ihnen einen Überblick über das Netz der sozialen Sicherheit in der Schweiz, die Sozialversicherungen. Wir verfügen über ein gut ausgebautes soziales Netz, das viele Risiken abdeckt und so verhindert, dass Menschen in die Armut abgleiten. Kapitel 3 und 4 drehen sich um die Rechte und Pflichten, die in der Sozialhilfe gelten. Kapitel 5 zeigt, wie Sie sich notfalls gegen Entscheide der Sozialhilfebehörde wehren können. Im Anhang finden Sie Musterbriefe und Links zu den kantonalen gesetzlichen Grundlagen.

Hoffentlich müssen Sie schon bald nicht mehr jede Münze zweimal umdrehen und können ohne finanzielle Sorgen in die Zukunft blicken.

Corinne Strebel Schlatter
im August 2021

1

Not macht erfinderisch

Was tun, wenn das Geld knapp ist?

Die Schweiz gehört zu den reichsten Ländern der Welt. Doch das heisst nicht, dass es allen Menschen finanziell gut geht. Auch bei uns gibt es Menschen, die von Armut betroffen sind. Aber was bedeutet eigentlich Armut? Das Bundesamt für Statistik spricht von Armut, wenn eine Einzelperson mit weniger als 2279 Franken, eine vierköpfige Familie mit zwei Kindern unter 14 Jahren 3976 Franken den Lebensunterhalt bestreiten muss.

Im Jahr 2019 waren nach dieser Definition rund 8,7 Prozent der Menschen in der Schweiz arm. Das sind etwa 735 000 Personen, darunter zahlreiche Kinder. Die Armutsquote ist seit 2014 angestiegen, damals betrug sie noch 6,7 Prozent. Auch hierzulande müssen also viele Menschen jede Münze zweimal umdrehen, bevor sie sie ausgeben. Es sind nicht in erster Linie Betagte, wie häufig angenommen wird. Besonders oft von Armut betroffen sind Alleinerziehende, Alleinstehende, Personen ohne Berufsausbildung sowie nicht erwerbstätige Personen.

Eines gleich vorneweg: In der Schweiz soll es niemandem am Notwendigsten fehlen. Um das sicherzustellen, gibt es die Sozialhilfe. Zuständig ist der Sozialdienst am Wohnort oder das regionale Zentrum. Erfüllt jemand die Voraussetzungen, erhält er oder sie vom Sozialdienst Unterstützung. Mehr zu diesem Thema lesen Sie in den Kapiteln 3 und 4 – hier vorerst einige Tipps, wie man auch mit wenig Geld den Alltag finanzieren kann.

Günstige Lebensmittel und Hygieneartikel

Bei einem knappen Budget können bereits die alltäglichen Dinge wie Lebensmittel und Hygieneartikel ein Loch im Portemonnaie hinterlassen. Um Menschen zu unterstützen, die mit wenig Geld ihren Lebensunterhalt finanzieren müssen, hat die Caritas schweizweit 21 Caritas-Märkte eröffnet. Dort werden Grundnahrungsmittel, Frischprodukte und Hygieneartikel zu Tiefstpreisen angeboten. Als garantiertes Grundsortiment führen diese Läden: Brot, Milch, Butter, Mehl, Teigwaren und Öl. Neben dem Grundsortiment gibt es in Caritas-Märkten auch sogenannte Aktionsprodukte. Dabei handelt es sich entweder um saisonale Produkte, um Überproduktion oder um Produkte mit leicht schadhafter Verpackung. Alle Waren sind qualitativ einwandfrei.

DIE CARITAS-MÄRKTE IN DER SCHWEIZ
In folgenden Ortschaften gibt es einen Caritas-Markt (Stand 2020):

- Baar
- Basel
- Bern
- Biel
- Chur
- Genf
- La Chaux-de-Fonds
- Lausanne
- Luzern
- Neuchâtel
- Olten
- St. Gallen
- Thun
- Vevey
- Wil
- Winterthur
- Yverdon
- Zürich

Nur mit Einkaufskarte
Damit Sie in einem der Caritas-Märkte einkaufen dürfen, brauchen Sie eine persönliche Einkaufskarte. Diese wird Ihnen vom Sozialdienst Ihrer Gemeinde, von kirchlichen Sozialdiensten, wohltätigen Vereinigungen und natürlich auch direkt von der Caritas abgegeben. Zudem

können Sie sie auf der Homepage www.caritasmarkt.ch online beantragen. Sie ist jeweils ein Jahr gültig. Anspruch auf eine Einkaufskarte haben Sie, wenn eine der folgenden Bedingungen erfüllt ist:
- Sie beziehen Sozialhilfe
- Sie beziehen Ergänzungsleistungen
- Sie erhalten Prämienverbilligung für Ihre Krankenkasse
- Ihr Einkommen liegt nachweislich am Existenzminimum
- Sie erhalten Stipendien
- Sie besitzen eine KulturLegi

Tischlein deck dich
«Tischlein deck dich» rettet Lebensmittel vor der Vernichtung und verteilt sie an mittellose Menschen in der ganzen Schweiz. An über 100 Bezugsstellen geben Freiwillige jeweils einmal wöchentlich Lebensmittel ab, die aus Überproduktion stammen, aber einwandfrei sind. Pro Bezug zahlt man einen Franken. «Tischlein deck dich» kauft selber keine Produkte, sondern verteilt, was gespendet wurde. Das Angebot ersetzt also nicht den Wocheneinkauf, hilft aber, das Haushaltsbudget zu entlasten.

INFO *Für einen Einkauf bei «Tischlein deck dich» benötigen Sie eine Bezugskarte. Diese erhalten Sie bei öffentlichen und privaten Sozialfachstellen; sie ist jeweils ein Jahr lang gültig. Informationen über Abgabestellen und Öffnungszeiten finden Sie unter www.tischlein.ch.*

Einkaufen und Kochen mit schmalem Budget
Erstellen Sie einen Menuplan. Noch cleverer ist es, wenn Sie im Internet prüfen, welche Produkte Aktion sind und Ihre Menüs dementsprechend planen.
- Schreiben Sie die Zugaben, die Sie benötigen, auf einen Postizettel.
- Kaufen Sie nur ein, was auf diesem Zettel steht.

- Gehen Sie nicht mit knurrendem Magen einkaufen. Ist man hungrig, landen auch Produkte im Einkaufswagen, die man nicht braucht.

Tiefkühlpizza, Fertigsaucen, Sandwiches, abgepackte Menüs – sogenanntes Convenience-Food ist praktisch für Leute, die weder Zeit noch Lust zum Kochen haben. Doch das geht nicht nur an die Fettpölsterchen, sondern auch ins Geld.

Wie machten es unsere Grossmütter? Mit ein paar Kartoffeln, saisonalem Gemüse und viel Fantasie kochten sie günstig und gut. Googeln Sie die Begriffe «günstig kochen». Im Internet finden Sie zahllose leckere Rezepte für ein knappes Budget. In Buchhandlungen gibt es nicht nur Haute-Cuisine-Kochbücher, sondern auch Kochbücher mit währschaften, nahrhaften und vor allem günstigen Rezepten.

Trotzdem am Gesellschaftsleben teilnehmen: KulturLegi

In der Schweiz sorgt der Staat dafür, dass niemand in absolute Armut abgleitet. Trotzdem drängt das knappe Geld viele Menschen in eine soziale Isolation. Mit der KulturLegi will die Caritas dazu beitragen, dass von Armut betroffene Menschen auch am gesellschaftlichen Leben teilnehmen können. Die KulturLegi wird von über 2000 privaten und öffentlichen Organisationen aus den Bereichen Kultur, Sport und Bildung anerkannt. Wer sie vorweist, erhält bis 70 Prozent Rabatt. Wer darf eine KulturLegi beziehen?
- Wer Sozialhilfe oder Stipendien erhält
- Wer Familienergänzungsleistungen oder Ergänzungsleistungen zu AHV oder IV erhält
- Personen, deren Einkommen nachweislich am Existenzminimum liegt
- Personen, deren Lohn gepfändet wird

> **INFO** *Die KulturLegi ist ein Jahr lang gültig. Für Erwachsene ist sie ab dem zweiten Jahr kostenpflichtig: Die Bezugskriterien unterscheiden sich je nach Wohnkanton. Genauere Informationen finden Sie unter www.kultur-legi.ch.*

Kleider, Schuhe, Sportartikel

Neue Kleider oder Schuhe können ein knappes Budget ziemlich strapazieren. Hier können Secondhandläden weiterhelfen. Die Qualität der angebotenen Waren ist meist hoch, der Preis tief. In fast jeder grösseren Ortschaft gibt es einen solchen Laden, sei es für Erwachsene oder für Kinder. Auf dem Land finden zudem vielerorts zweimal jährlich Kinderkleiderbörsen statt. Dort kann man fast alles kaufen, was Kinder brauchen: Babyzubehör, Kleider, Schuhe etc.

Auch im Internet kann man sehr gut erhaltene, qualitativ hochwertige Kleider oder Schuhe günstig einkaufen. Vor allem auf Plattformen wie www.ricardo.ch, www.tutti.ch oder www.anibis.ch ist das Angebot gross.

Günstig zu Sportartikeln kommen

Sportartikel, zum Beispiel Ski, sind oft sehr teuer, und gerade die Kinder können sie nur kurz gebrauchen. Bei Wintersportartikeln lohnt sich deshalb ein Kauf oft nicht; Sie bezahlen deutlich weniger, wenn Sie diese Artikel mieten. Viele Sportgeschäfte bieten für Kinder mehrjährige Mietabonnemente an. Mit einem solchen Abonnement können Sie bis zum zwölften Lebensjahr des Kindes jedes Jahr Ski, Skischuhe und Stöcke (oder Snowboard und Snowboardschuhe) in der richtigen Grösse beziehen und bezahlen eine einmalige Mietgebühr von einigen Hundert Franken.

Eine andere Möglichkeit sind spezielle Sportartikelbörsen, die es vor allem in grösseren Ortschaften gibt. Auf dem Land sind es die

> **?** Ich muss mein Geld wirklich gut einteilen, damit es bis Ende Monat reicht. In letzter Zeit habe ich öfters Streit mit meinem Sohn. Er möchte unbedingt Markenkleider, alle seine Kollegen tragen nur solche. Ich kann mir das aber unmöglich leisten!
>
> Unter Jugendlichen herrscht oft ein starker Gruppendruck. Mit einer bestimmten Kleidermarke zeigt man, dass man zur Gruppe gehört. Es braucht ein grosses Selbstbewusstsein, diesem Druck zu widerstehen. Sie können Ihren Sohn unterstützen, indem Sie ihn in seinem Selbstbewusstsein stärken. Als wirkliche Freunde werden die Kollegen Ihren Sohn auch ohne Markenkleider akzeptieren. Sprechen Sie mit Ihrem Sohn und zeigen Sie ihm Ihr monatliches Budget. Vielleicht kann er sich zu Weihnachten und zum Geburtstag von Grosseltern, Gotte und Götti Geld wünschen und sich so ein spezielles Markenkleidungsstück kaufen.

oben genannten Kinderkleiderbörsen, an denen oft auch Sportartikel für Kinder verkauft werden. Auf Internet-Plattformen wie www.ricardo.ch, www.tutti.ch und www.anibis.ch werden Sie ebenfalls fündig.

Trotz knappem Budget ins Restaurant

Die SV Stiftung und die Caritas haben gemeinsam die Restaurants «Bon Lieu» ins Leben gerufen. Dort können Menschen mit wenig Geld zu vergünstigten Preisen eine ausgewogene, frische Küche geniessen. Diese Restaurants sind jedoch kein Treffpunkt nur für Mittellose, sie werden auch von Leuten besucht, die über ein grösseres Budget verfügen. Diese bezahlen allerdings marktübliche Preise.

WO GIBT ES «BON-LIEU»-RESTAURANTS?

Geplant sind Standorte in der ganzen Schweiz. Aktuell (Stand 2020) gibt es folgende Restaurants:

Basel	Parterre One Restaurant Klybeckstrasse 1 b 4057 Basel 061 695 89 98	**Luzern**	Restaurant Brünig Industriestrasse 3 6005 Luzern 041 368 55 25
Bern	Restaurant Eiger Belpstrasse 73 3007 Bern 031 371 13 65		Quai 4 Alpenquai 4 6005 Luzern 041 368 99 99
Genf	Café Cult Place de Jargonnant 5 1207 Genf 022 735 02 71	**Schlieren**	Stürmereihuus Freiestrasse 14 8952 Schlieren 044 730 09 09
Grenchen	Parktheater Lindenstrasse 41 2504 Grenchen 032 654 99 22	**St. Gallen**	Militärkantine Kreuzbleicheweg 2 9000 St. Gallen 071 279 10 00
Lausanne	Café de l'Europe Rue du Simplon 33 1006 Lausanne 021 616 55 85	**Zürich**	Restaurant Schipfe Schipfe 16 8001 Zürich 044 211 21 22
	Café de l'évêché Rue Louis Curtat 4 1005 Lausanne 021 323 93 23		

Weitere Informationen finden Sie auf der Website www.bon-lieu.ch.

INFO *Um von den vergünstigten Preisen in den Restaurants «Bon Lieu» profitieren zu können, müssen Sie im Besitz einer KulturLegi oder einer Einkaufskarte der Caritas-Märkte sein.*

Schöne Ferien auch mit wenig Geld

Nicht alle Menschen in der Schweiz können sich regelmässig eine Auszeit leisten. Bei vielen sprengen bereits Ausflüge das knappe Budget, an Ferien ist gar nicht erst zu denken. Aber gerade armutsbetroffene Familien haben ab und zu Ferien dringend nötig.
Die Reka stellt jedes Jahr über 1000 Ferienarrangements für armutsbetroffene Familien bereit. Sie stellt Familien während einer Woche eine Ferienwohnung oder eine Unterkunft in einer Jugendherberge zur Verfügung – zu einem Solidaritätspreis von 200 Franken. Auch die Reisekosten vom Wohnort zum Ferienort und zurück mit öffentlichen Verkehrsmitteln werden bezahlt.

INFO *Folgende Bedingungen müssen Sie erfüllen, um von der Reka-Ferienhilfe profitieren zu können:*
- *Sie haben mindestens 1 Kind unter 16 Jahren.*
- *Sie wohnen oder arbeiten seit mindestens 2 Jahren in der Schweiz.*
- *Sie verbrachten im letzten Jahr keine Ferien mit der Reka-Ferienhilfe.*
- *Das jährliche Haushaltseinkommen (inkl. Kinderzulage und Alimente) darf bei einer Zweielternfamilie maximal 60 000 Franken, bei einer Einelternfamilie 50 000 Franken betragen. Ab dem zweiten Kind erhöht sich der Betrag um 5000 Franken pro Kind.*
- *Das Vermögen wird ebenfalls geprüft.*
- *Sämtliche Einkünfte und Vermögenswerte müssen belegt werden.*

- Sie sind Schweizer Bürger oder besitzen den C-Ausweis (Niederlassung).
- Die Angebote der Ferienhilfe gelten nicht für Personen in Ausbildung und Familien mit nicht belegbarem Einkommen.
- Teilnahmemöglichkeit für Selbständige ohne Angestellte auf Anfrage.
- Ein Rechtsanspruch auf Leistungen der Reka besteht nicht.

Weitere Informationen finden Sie auf der Homepage www.reka.ch

Auch das Kinderhilfswerk Kovive bietet Ferien für Kinder aus mittellosen Familien an: zum Beispiel zwei Wochen in einer Gastfamilie, aber auch Kinder- und Jugendlager. Die Angebote sind stark vergünstigt und richten sich ausschliesslich an Familien mit kleinem Budget. Mehr Informationen und Anmeldeformulare finden Sie unter www.kovive.ch.

Ferien zu Hause?

Ferien sollen in erster Linie der Erholung dienen. Muss man dazu immer verreisen? Statt sich zu überlegen, wohin die nächsten Ferien führen sollen, können Sie sich auch fragen, was Sie erreichen möchten in dieser Zeit. Kreativ werden? Sich Zeit zur Erholung in der Natur nehmen? Eine Tour de Suisse absolvieren und Freunde besuchen, die Sie schon lange nicht mehr gesehen haben? Ballast abwerfen und sich von allem nicht mehr Benötigten in der Wohnung und im Keller trennen? Erinnerungen an die Pfadizeit aufleben lassen und wieder einmal eine Wurst im Wald bräteln? Möglichkeiten zur Erholung in der Schweiz gibt es viele. Und sie müssen nicht immer mit einem teuren Ausflug ins Alpamare oder ins Verkehrshaus verbunden sein.

 TIPP *Viele Gemeinden bieten Ferienpässe an. Für wenig Geld können die Kinder damit spannende Ausflüge unter-*

nehmen oder auch Kurse besuchen. Meist sind diese Aktionen von den Gemeinden subventioniert.

Unterstützung durch Hilfswerke

Besonders grössere Anschaffungen können ein ohnehin schon knappes Budget zum Kippen bringen: Der Sohn kann nicht mehr länger im zu kleinen Kinderbett schlafen und braucht ein neues Bett; der Schrank im Kinderzimmer fällt langsam, aber sicher in sich zusammen; die 30-jährige Matratze hat auch schon bessere Zeiten erlebt... Es gibt viele Dinge, die tatsächlich nötig sind und angeschafft werden müssen, auch wenn das Geld dazu im Portemonnaie fehlt. In einer solchen Situation können Hilfswerke weiterhelfen.

INFO *Alle Hilfswerke der Schweiz finden Sie im Internet auf der Website des Spendenspiegels Schweiz (www.spendenspiegel.ch) oder im eidgenössischen Stiftungsverzeichnis (www.edi.admin.ch → Eidgenössische Stiftungsaufsicht → Stiftungsverzeichnis). Auch der Beobachter hat eine eigene Stiftung, SOS Beobachter. Sie hilft notleidenden Menschen in der Schweiz (www.beobachter.ch/sos-beobachter).*

Gute Bildung verhindert Armut

Menschen ohne Ausbildung sind in der Schweiz überdurchschnittlich oft von Armut betroffen. Über die Hälfte aller Personen, die Sozialhilfe beziehen, haben keine Berufsausbildung abgeschlossen.

Gegen Ende der obligatorischen Schulzeit haben einige Schülerinnen und Schüler keine Lust mehr aufs Lernen. Die Aussicht, drei oder vier weitere Jahre an einem oder gar zwei Tagen pro Woche die

Schulbank zu drücken, wirkt für sie nicht sehr verlockend. Zudem verdient man während der Ausbildung bloss wenig. Ist es da nicht viel sinnvoller, sich einen Job zu suchen? So verführerisch dies in den Ohren junger Menschen klingen mag, es ist kurzfristig gedacht. Immer mehr Arbeitsstellen, für die man keine Ausbildung braucht, werden wegrationalisiert. In einigen Jahren stehen diese jungen Menschen vor einem Scherbenhaufen: kein Job, keine Ausbildung und keine Perspektive.

Es lohnt sich auf jeden Fall, Zeit in eine solide Ausbildung zu investieren. Ist das Familienbudget knapp, kann man Stipendien oder Darlehen beantragen.

Stipendien und Darlehen
Eltern sind verpflichtet, ihre Kinder bis zum Abschluss einer angemessenen Erstausbildung zu unterstützen, sofern sie dazu finanziell in der Lage sind. Das regelt das Schweizerische Zivilgesetzbuch in den Artikeln 276 und 277. Dass man höchstens bis zum 25. Altersjahr der Kinder zahlen müsse, ist ein Gerücht.

Eltern mit knappem Budget können nicht nur für eine weiterführende Schule oder ein Studium, sondern auch für eine Lehre Stipendien oder ein Darlehen beantragen. Stipendien und Darlehen sind kantonal geregelt, zuständig ist der Wohnkanton. Beachten Sie, dass die Bearbeitung eines Gesuchs in einigen Kantonen mehrere Wochen bis gar Monate dauern kann. Weitere Informationen finden Sie auf der Website Ihres Wohnkantons.

Stipendien werden auch von kantonalen und regionalen Gemeinnützigen Gesellschaften ausgerichtet (mehr Informationen unter www.sgg-ssup.ch). Es gibt zudem verschiedene Stiftungen, die Beiträge an die Ausbildung leisten (siehe vorangehende Seite).

> **?** Mein Sohn besucht das letzte Schuljahr und hat absolut keine Lust, sich eine Lehrstelle zu suchen. Er werde auf dem Bau jobben gehen. Ich mache mir Sorgen um ihn. Wäre es nicht besser, er würde eine Lehrstelle suchen?
>
> Eine solide Ausbildung kann verhindern, dass Ihr Sohn später in die Armut abrutscht. Erklären Sie ihm, dass er zwar im Moment auf dem Bau viel verdient, dass er aber später grosse Schwierigkeiten haben wird, eine dauerhafte Stelle zu finden. Schlagen Sie ihm einen Kompromiss vor: Er darf sich ein Jahr Auszeit nehmen und jobben gehen, anschliessend beginnt er eine Lehre.

Lohnerhöhung beantragen

Liegt Ihre letzte Lohnerhöhung bereits Jahre zurück? Vielleicht lohnt es sich, mit dem Chef, der Chefin ein Lohngespräch zu führen. Klären Sie als Erstes ab, wie viel andere Arbeitnehmer in Ihrer Region für die gleiche Arbeit verdienen. So haben Sie eine realistische Vorstellung, wie viel Lohnerhöhung Sie fordern können.

Bereiten Sie sich gut auf das Gespräch vor. Es gibt laut Gesetz weder einen Anspruch auf einen Mindestlohn noch auf allgemeine Lohngerechtigkeit. Lohnerhöhungen werden in der Regel individuell nach dem Leistungsprinzip gewährt. Viel hängt von einem cleveren Vorgehen ab:

- Treten Sie im Lohngespräch sicher, aber nicht fordernd auf.
- Zeigen Sie, welche Erfolge Sie seit der letzten Lohnerhöhung in der Firma erzielt haben.
- Betonen Sie Ihre Loyalität zur Firma.
- Erwähnen Sie, welche Ziele Sie in der Firma und ausserhalb des Unternehmens erreichen wollen.

- Betonen Sie Ihren Wert für die Firma. Was können Sie besonders gut, was die Firma brauchen kann? Aufgepasst: Angaben mit Stellenangeboten, die Sie gar nicht haben, bringt Sie in der Regel nicht weiter.
- Zeigen Sie, welche Weiterbildungen Sie besucht haben und dass die Firma dadurch einen Mehrwert erzielen kann.
- Betonen Sie, dass Sie viel zur guten Zusammenarbeit in Ihrem Team beitragen.
- Behalten Sie die Übersicht über das Gespräch und fassen Sie die Ergebnisse immer wieder zusammen.
- Gehen Sie nicht ohne klare Vereinbarung vom Gesprächstisch. Achten Sie darauf, dass alle relevanten Punkte diskutiert und schriftlich festgehalten werden.
- Nehmen Sie einen Notizblock mit. So können Sie wenn nötig selber aufschreiben, was besprochen wurde.

Nehmen Sie es nicht persönlich, wenn Sie Ihre Lohnvorstellung nicht durchsetzen konnten. Aufgeschoben ist nicht aufgehoben.

TIPP *Im Internet können Sie sich informieren, welcher Lohn für Ihre Ausbildung und Ihre Tätigkeit in der Schweiz üblich ist (www.lohnvergleich.ch).*

Wenn die Alimente nicht bezahlt werden

Ausstehende Alimente brennen bei den Berechtigten schnell ein grosses Loch ins Portemonnaie. Wenn Ihr Expartner die Alimente nicht, nur teilweise oder immer wieder verspätet zahlt, können Sie bei Ihrer Wohngemeinde ein Gesuch um Inkassohilfe stellen. Inkassohilfe heisst, dass Ihnen eine amtliche Stelle dabei hilft, die Alimente einzutreiben. Für Kinderalimente ist dies gratis.

Kinderalimente erhalten Sie in den meisten Kantonen auch bevorschusst. Dieser Vorschuss wird nicht zurückverlangt, selbst wenn der Expartner die Beträge nie bezahlt. Ihre eigenen Alimente werden hingegen nur in ganz wenigen Kantonen bevorschusst.

Sie können Kinderalimente nur per Inkassohilfe einfordern, wenn die Alimente in einem rechtskräftigen Urteil festgelegt wurden oder wenn Sie einen von der Kindes- und Erwachsenenschutzbehörde (Kesb) genehmigten Unterhaltsvertrag haben. Die Kantone haben die Bevorschussung unterschiedlich geregelt. Sowohl die Dauer als auch die Höhe der Bevorschussung kann je nach Kanton begrenzt sein. Wird eine bestimmte Einkommens- oder Vermögensgrenze erreicht, gibt es in vielen Kantonen gar keine Bevorschussung.

MIRIAM G. IST GESCHIEDEN und hat zwei Kinder. Ihr Exmann Peter wurde verpflichtet, für die Kinder pro Monat je 1000 Franken Alimente zu bezahlen. Für sich selber stehen ihr 500 Franken Alimente zu. Herr G. kommt seinen Verpflichtungen nicht nach, seit drei Monaten hat er nichts mehr bezahlt. Für die Alimente der beiden Kinder, also für 2000 Franken, kann Frau G. eine Bevorschussung beantragen. Ihre eigenen Alimente von 500 Franken kann sie per Inkasso eintreiben.

TIPPS *Beim Sozialdienst Ihrer Wohngemeinde erfahren Sie, wo Sie Inkassohilfe und Alimentenbevorschussung beantragen können. Warten Sie nicht zu lange mit Ihrem Antrag. Diejenigen Alimente, die bereits vor Ihrem Gesuch fällig geworden sind, werden nicht bevorschusst.*

Abonnentinnen und Abonnenten des Beobachters finden weitere Informationen auf Guider im Merkblatt «Unbezahlte Alimente eintreiben» (www.guider.ch).

> **?** Seit drei Jahren bin ich geschieden und lebe allein. Mein Exmann wurde im Scheidungsurteil verpflichtet, mir Alimente zu zahlen. Er hat aber noch gar nie gezahlt, Alimentenbevorschussung erhalte ich nicht und Inkassohilfe möchte ich nicht. Wie komme ich zu meinem Geld?
>
> Sie können Ihren Exmann betreiben. Zuständig ist das Betreibungsamt an seinem Wohnort. Warten Sie nicht zu lange, denn Alimentenforderungen verjähren nach fünf Jahren.

Erbvorbezug oder Schenkung – ein Ausweg?

Auch mit einem Erbvorbezug oder einer Schenkung kann man ein knappes Budget entlasten oder sich Anschaffungen ermöglichen. Ein Erbvorbezug ist immer freiwillig, die Eltern sind nicht verpflichtet, ihren Kindern vor ihrem Tod Geld zu vererben.

Die Ausgleichungspflicht

Erbvorbezüge müssen auf jeden Fall ausgeglichen werden. Das heisst: Die bezogene Summe wird, wenn es zur Erbteilung kommt, zum Nachlassvermögen hinzugerechnet. Das Geld, das ein Erbe vorbezogen hat, wird von seinem Erbteil abgezogen. Unter Umständen muss er den anderen Erben sogar etwas zurückzahlen. Das führt nicht selten zu wüsten Streitereien unter den Erben.

Neben einem Erbvorbezug müssen im Erbfall auch alle Schenkungen an die Nachkommen ausgeglichen werden – ausgenommen sind übliche Gelegenheitsgeschenke. Diese Regel gilt nach allgemeiner Rechtsprechung jedoch nicht für Luxus-Schenkungen. Das kann in einer Familie zu sehr ungerechten Situationen und zu Streit führen: Der Sohn, der von Beruf Fischer ist, muss sich bei der Erbteilung das geschenkte Fischerboot anrechnen lassen. Die Schwester, die von Beruf Ärztin ist, muss sich das geschenkte Segelboot jedoch nicht anrechnen lassen.

> **Ich habe meiner Tochter eine Fotokamera im Wert von 2500 Franken geschenkt. Kann ich im Testament festlegen, dass sie sich die Kamera nur zu 500 Franken anrechnen lassen muss?**
>
> Ja, das ist möglich. Sie können den Betrag frei definieren, zu dem sich Ihre Tochter die geschenkte Kamera anrechnen lassen muss.

TIPP *Um Streit unter den Erben vorzubeugen, ist es am einfachsten, wenn der Erblasser, die Erblasserin schriftlich festhält, ob eine Schenkung auszugleichen ist oder nicht. Am besten wird gleich der Betrag festgelegt, der später angerechnet werden muss.*

Achtung, Pflichtteil!
Eltern müssen ihre Kinder nicht gleich behandeln. Sie können ein Kind bevorzugen und auch nur einem Kind etwas schenken. Soll das beschenkte Kind den Wert des Geschenks später nicht ausgleichen müssen, können die Eltern das schriftlich in einer Ausgleichungsanordnung festhalten. Aber Vorsicht! Schenkungen, die nicht ausgeglichen werden müssen, können den Pflichtteil der anderen Erben verletzen. Ist dies der Fall, können die betroffenen Erben eine Rückzahlung bis zur Höhe ihres Pflichtteils fordern.

MARTIN G., WITWER, HAT ZWEI KINDER: Sabine und René. Sabine hat vor 20 Jahren eine Schenkung von 28 000 Franken erhalten, René hingegen nichts. Der Vater hat schriftlich festgehalten, dass Sabine die Schenkung nicht ausgleichen muss. Bei seinem Tod hinterlässt er ein Vermögen von 20 000 Franken. Nach Abzug aller Passiven (Rechnungen, Bestattungskosten und Steuern) verbleiben 12 000 Franken. Der gesetzliche Erbteil der Kinder beträgt je die Hälfte davon, also 6000 Franken. Darf Sabine die zu Lebzeiten geschenkten 28 000 Franken behalten und die Hälfte vom Nettonachlass beanspruchen?

Nein. René hat Anspruch auf seinen Pflichtteil (siehe unten stehenden Kasten); er kann den ganzen Nachlass für sich beanspruchen und von Sabine noch 3000 Franken einfordern.

BERECHNUNG DER PFLICHTTEILE

Teilungsvermögen ermitteln
Das Teilungsvermögen setzt sich zusammen
aus dem Nettonachlass und der Schenkung
12 000.– + 28 000.– = Fr. 40 000.–

Pflichtteil ausrechnen
Der Pflichtteil eines Kindes beträgt ¾ des gesetzlichen
Erbteils, in dieser Situation ¾ von ½ = ⅜
⅜ von 40 000.– Fr. 15 000.–

Hinweis: Der Pflichtteil für die Nachkommen wird im neuen Erbrecht von aktuell ¾ auf neu ½ gesenkt werden. Dieses Gesetz wird voraussichtlich per 2023 in Kraft treten.

René hat nach dem Tod seines Vaters nur ein Jahr Zeit, um sich gütlich mit seiner Schwester zu einigen. Gelingt das nicht und will René nicht auf seinen Pflichtteil verzichten, muss er vor Ablauf dieser Jahresfrist mit der Hilfe eines Anwalts beim Gericht am letzten Wohnsitz seines Vaters eine sogenannte Herabsetzungsklage gegen seine Schwester einreichen.

ACHTUNG *Eine Schenkung oder ein Erbvorbezug kann für die Eltern zur Folge haben, dass sie später keine Ergänzungsleistungen erhalten. Mehr dazu lesen Sie auf Seite 97*

Stolpersteine, wenn das Geld knapp ist

Wer mit knappen Mitteln seinen Lebensunterhalt bestreitet, muss auf Vieles verzichten. Die Werbung hat das erkannt und verspricht einfache Lösungen: Dank einem Leasingvertrag können Sie mit wenig Geld ein tolles Auto fahren! Mit einem Kredit können Sie noch heute Ihre Traumferien buchen!

Gerade bei einem schmalen Budget sind das gefährliche Verträge. Weshalb das so ist, lesen Sie auf den folgenden Seiten.

Leasing ist etwas für Reiche

Mit einem Leasingvertrag wird ein Auto nicht gekauft, sondern quasi gemietet. Das Auto gehört der Leasingfirma und muss bei Vertragsende zurückgegeben werden. Ein Vorkaufsrecht bei Vertragsende besteht nur, wenn dies ausdrücklich vertraglich festgehalten wurde. Sie als Autolenker haften sowohl für Schäden als auch für eine übermässige Abnutzung des Autos – das kann ins Geld gehen. Da neben den monatlichen Leasingraten noch viele weitere Kosten hinzukommen, ist Leasing etwas für Menschen mit grossem Portemonnaie.

Warum ist Leasing teuer?

Ein Leasingvertrag läuft über mehrere Jahre, ist also eine langjährige Verpflichtung. Diese Kosten fallen für Sie an:
- Während der ganzen Vertragsdauer bezahlen Sie neben den Leasingraten einen Schuldzins.

- Zudem sind Sie verpflichtet, für die ganze Vertragsdauer eine Vollkaskoversicherung abzuschliessen. Dies ist in den allgemeinen Geschäftsbedingungen geregelt. Die Prämien für diese Versicherung sind bei einem geleasten Auto immer höher als bei einem gekauften. Sind Sie ein Junglenker? Dann kann die Prämie schnell mehrere Tausend Franken pro Jahr kosten. Wohnt ein Junglenker in der Stadt Zürich, zahlt er beispielsweise für einen neuen Audi A3 jedes Jahr gut 5000 Franken Prämien (Stand 2021).
- Schliesslich müssen Sie sowohl den Service als auch allfällige Reparaturen in einer Markengarage ausführen lassen – das verursacht nochmals zusätzliche Kosten.

Die tatsächlichen Betriebskosten eines Leasingautos sind laut TCS inklusive Abschreiber etwa dreimal so hoch wie die Leasingrate. Ein geleastes Auto kostet 10 bis 15 Prozent mehr als ein gekauftes.

TIPP *Denken Sie daran, dass die monatlichen Leasingraten lediglich rund ein Drittel der Betriebskosten ausmachen, die für das Auto anfallen. Überlegen Sie sich vor dem Abschluss eines Leasingvertrags anhand eines realistischen Budgets, ob Sie sich das wirklich leisten können. Bedenken Sie dabei, dass es während der langen Vertragsdauer auch zu Unvorhergesehenem kommen kann, zum Beispiel zu einem Stellenverlust, zu Familienzuwachs, Scheidung oder Krankheit. Können Sie die Leasingkosten auch dann noch tragen?*

Vorgaben der Leasingfirma

Da ein geleastes Auto der Leasingfirma gehört, kann sie auch bestimmen, was Sie damit tun dürfen und was nicht. In vielen Verträgen ist zum Beispiel festgehalten, dass man mit dem Auto nicht ins Ausland fahren darf. In anderen Verträgen steht, dass das Auto nicht an Dritte ausgeliehen werden darf. In allen Verträgen ist geregelt, wie viele

Kilometer pro Jahr man fahren darf – oft sind das zwischen 10 000 und 15 000 Kilometer. Wenn Sie mehr fahren, wird es bei Vertragsende teuer. Zudem müssen Sie alles, was Sie bei einem geleasten Auto verändert oder eingebaut haben, bei Vertragsende auf eigene Kosten wieder rückgängig machen.

> **TIPP** *Lesen Sie vor Vertragsabschluss die Geschäftsbedingungen genau durch. Können Sie alle Vertragsbedingungen problemlos erfüllen? Gibt es Regelungen, die Sie zu sehr einschränken? Sind zum Beispiel Fahrten ins Ausland ausgeschlossen? Dann sind nicht nur Ferienreisen verboten, sondern auch kurze Fahrten über die Grenze, um im Ausland einzukaufen.*

Vorzeitig aus dem Leasingvertrag aussteigen

Einen Leasingvertrag kann man jederzeit unter Einhaltung einer Frist von 30 Tagen auf das Ende einer jeweils dreimonatigen Leasingdauer kündigen. Eine solche vorzeitige Kündigung wird aber enorm teuer, da die Leasingfirma die Leasingraten rückwirkend erhöhen darf. Sie darf das, weil der Wertverlust des Autos voll zulasten des Leasingnehmers, der Leasingnehmerin geht. Besonders nach einer kurzen Laufzeit werden so mehrere Tausend Franken fällig, die innerhalb einer kurzen Frist bezahlt werden müssen. Diese Kosten können Sie nur vermeiden, wenn Sie dem Leasinggeber einen Nachfolger, eine Nachfolgerin präsentieren, der oder die bereit ist, den Vertrag zu denselben Bedingungen zu übernehmen.

Zum grossen Problem wird der vorzeitige Ausstieg, wenn er wegen einer finanziell angespannten Lage nötig ist – zum Beispiel bei Stellenverlust, Krankheit, Familienzuwachs, Scheidung, Weiterbildung. Das Budget, das die Leasingraten nicht mehr verkraftet, hält den hohen Kündigungskosten erst recht nicht stand.

MARKUS V., 24-JÄHRIG, hat vor einem halben Jahr einen Leasingvertrag für einen tollen Audi abgeschlossen. Kurz nach Vertragsabschluss hat er bei der Arbeit die Kündigung erhalten. Trotz intensiver Suche hat er bis jetzt keine neue Stelle gefunden. Mit dem Taggeld der Arbeitslosenkasse, das lediglich 70 Prozent seines letzten Verdienstes beträgt, kann er sich die Leasingraten nicht mehr leisten. Um nicht rückwirkend höhere Raten bezahlen zu müssen, hat er einen Nachfolger gesucht und gefunden. Sein Freund ist bereit, den Audi zu den gleichen Bedingungen zu übernehmen, und die Leasingfirma ist einverstanden mit dem neuen Vertragspartner.

Der Leasingvertrag läuft aus

Bei Vertragsende muss man das Auto der Leasingfirma zurückgeben. Eine Garage prüft den Zustand des Wagens, die Leasingfirma erstellt danach eine Schlussrechnung. Diese setzt sich je nach Situation aus folgenden Punkten zusammen:
- Reparaturkosten, die oft auch als Instandstellungskosten bezeichnet werden
- Kosten für Mehrkilometer, wenn Sie mehr Kilometer gefahren sind als im Leasingvertrag festgehalten. Wie der Kilometerpreis berechnet wird, ist im Leasingvertrag geregelt.
- Weitere Kosten, zum Beispiel für einen Service oder für die Fahrzeugaufbereitung

Im Vertrag ist der sogenannte Restwert angegeben. Das ist eine reine Kalkulationszahl, die zur Berechnung der Leasingraten benötigt wird. Er bedeutet nicht, dass man das Auto bei Vertragsende zu diesem Wert kaufen kann. Wer das Auto kaufen möchte, muss mit der Leasingfirma über den Preis verhandeln. Ohne ein ausdrückliches Vorkaufsrecht im Leasingvertrag hat man als Kunde oder Kundin aber keinen Anspruch auf den Kauf des Autos.

Welche Kosten fallen bei Vertragsende an?
Sie als Leasingnehmer, als Leasingnehmerin haften sowohl für Schäden als auch für eine übermässige Abnützung des Autos. Diese Kosten müssen Sie bezahlen, Sie können sie aber Ihrer Vollkaskoversicherung melden. Für die normale Abnützung des Autos haften Sie hingegen nicht, diese Kosten muss die Leasingfirma übernehmen. Neben den Kosten für einen Service, der bei der Rückgabe noch fällig ist, muss auch die Fahrzeugaufbereitungsgebühr von der Leasingfirma übernommen werden.

> **TIPP** *Um sich vor ungerechtfertigten Instandstellungskosten zu schützen, können Sie das Leasingauto von einer unabhängigen Fachstelle prüfen lassen, bevor Sie es der Garage zurückgeben. Damit können Sie sich gegen haltlose Forderungen absichern. Gute Fachstellen sind beispielsweise die technischen Zentren des TCS (Adressen unter www.tcs.ch oder Telefon 0844 888 111).*

Kredit aufnehmen – Schuldenfalle par excellence

Ein Konsumkredit ermöglicht es, auf Pump zu konsumieren. Das Auto wird jetzt gekauft, die Weltreise sofort gebucht – bezahlt wird später in Raten. Der Preis für das rasch zur Verfügung stehende Geld sind die hohen Zinsen. Durch diese führt ein solcher Kredit oft direkt in die Schuldenfalle.

Kreditfähigkeit prüfen
Eine Firma, die einen Kredit vergibt, muss sicherstellen, dass der Kreditnehmer, die Kreditnehmerin sich nicht überschuldet – sie muss eine

WAS GEHÖRT ALLES IN DIE KREDITFÄHIGKEITSPRÜFUNG?

Bei einer korrekt durchgeführten Kreditfähigkeitsprüfung müssen folgende Ausgaben berücksichtig werden:

- Grundbetrag, zum Beispiel 1200 Franken für eine alleinstehende Person
- Zuschlag für Kinder
- Mietzins
- Heizkosten
- Krankenkassenprämien und Gesundheitskosten
- Auswärtige Verpflegung
- Fahrten zum Arbeitsplatz
- Kinderbetreuungskosten
- Steuern
- Autounterhalt
- Unterhaltsbeiträge, zum Beispiel Alimente an Kinder

Ins Budget müssen die effektiven Kosten aufgenommen werden, Pauschalen sind nicht zulässig. Veränderungen, die zum Zeitpunkt der Prüfung bereits erkennbar sind, müssen in die Berechnung einbezogen werden, zum Beispiel eine Schwangerschaft der Kreditnehmerin.

Kreditfähigkeitsprüfung vornehmen. Als kreditfähig gelten Sie, wenn Sie so viel Geld verdienen, dass Sie den Lebensunterhalt bestreiten und den Kredit innerhalb von 36 Monaten zurückzahlen können.

Die Kreditgeberin darf sich auf die von Ihnen gemachten Angaben verlassen. Sie muss aber bei Unstimmigkeiten die Angaben anhand von Dokumenten überprüfen. Verletzt die Kreditgeberin in schwerwiegender Weise ihre Pflicht zur Kreditfähigkeitsprüfung, verliert sie den ganzen Kredit samt Zinsen und Kosten. Verstösst sie geringfügig gegen diese Pflicht, verliert sie nur Zinsen und Kosten.

INFO *Seit dem 1. Januar 2016 ist aggressive Werbung für Kredite verboten. Zudem wurde per 1. Juli 2016 der maximale Zins für Kredite von 15 auf 10 Prozent reduziert. Für Kreditkartenüberzüge wurde der Zins von 15 auf 12 Prozent reduziert.*

Wenn Sie die Raten nicht mehr bezahlen können

Bezahlen Sie die Kreditraten nicht, kann Sie die Kreditgeberin betreiben. Betragen die nicht bezahlten Raten mindestens zehn Prozent des Gesamtkredits, wird es sehr unangenehm für Sie. In diesem Fall kann die Kreditgeberin vom Vertrag zurücktreten und sofort den Rest der noch offenen Kreditsumme zurückverlangen. Zusätzlich müssen Sie die vertraglich vereinbarten Verzugszinsen bezahlen. Ohne eine anderslautende vertragliche Regelung gilt der gesetzliche Verzugszins von fünf Prozent.

MICHAEL L. HAT EINEN KREDIT von 20 000 Franken aufgenommen, um ein Auto zu kaufen. Mit der Kreditfirma hat er abgemacht, dass er pro Monat 500 Franken zurückzahlt. Er schafft es aber von Anfang an nicht, die vereinbarten Monatsraten zu überweisen. Nun sind vier Monate vergangen und seine Schulden haben sich auf 2000 Franken angehäuft. Das sind zehn Prozent des Gesamtkredits – und die Kreditfirma fordert die gesamten 20 000 Franken zurück, dazu einen Verzugszins von fünf Prozent. Eine schwierige Situation für Michael L., steckt doch das Geld in seinem Auto.

Hilfe von einer Schuldenberatungsstelle

Lassen Sie es nicht so weit kommen. Wenden Sie sich an eine anerkannte Schuldenberatungsstelle, sobald sich abzeichnet, dass Sie die

Raten Ihres Kredits nicht mehr bezahlen können. Schliessen Sie auf keinen Fall einen neuen Kredit ab!

> **INFO** *Adressen von seriösen Schuldenberatungsstellen finden Sie auf der Website des Dachverbands Schuldenberatung Schweiz (www.schulden.ch).*

Auch die Kreditkarte gehört dazu
Leben auf Pump ist verlockend. Und wer kann schon Verlockungen widerstehen? Wenn Sie finanziell nicht auf Rosen gebettet sind, zerschneiden Sie am besten Ihre Kreditkarte und teilen der Bank mit, dass Sie ab sofort ohne Plastikgeld leben wollen. Der maximale Zins auf Kreditkartenschulden ist sogar noch höher als auf einem Konsumkredit.

Mehr ausgeben als einnehmen? Budget und Schulden

Die meisten Menschen wissen genau, wie viel sie verdienen. Aber wissen Sie auch, wie hoch Ihre monatlichen Ausgaben sind? Oder wundern Sie sich manchmal, wohin das Geld so schnell verschwindet?

Auf den folgenden Seiten sehen Sie, wie Sie ein Budget erstellen können und wie Sie mit dem Geld, das Ihnen zur Verfügung steht, besser auskommen.

Nicht sparen, einteilen!

Sparen ist eine kurzfristige Lösung. Sie sehen Mitte des Monats, dass das Geld knapp wird und geben für den Rest des Monats nur noch das Nötigste aus. Im nächsten Monat stehen Sie aber wieder vor demselben Problem. Damit Ihr Geld in Zukunft für alle Ausgaben ausreicht, hilft es, ein persönliches, detailliertes Budget zu erstellen. Dieses zeigt Ihnen auf, wo Geld versickert, wo Sie zu viel ausgeben und wo Sie allenfalls etwas einsparen können.

EIN BUDGET ERSTELLEN

Einnahmen	Ausgaben
■ Lohn ■ Rente ■ Alimente ■ Nebeneinkommen (zum Beispiel Entschädigung für ein Behördenamt, zusätzliches Einkommen aus selbständiger Nebentätigkeit)	■ Wohnkosten – Miete inkl. Nebenkosten bzw. Hypothekarzins, Unterhalt, Reparaturen – Strom – Heizenergie – Wasser – Telefon, Radio, TV und Internet ■ Versicherungen – Krankenkasse – Hausrat- und Privathaftpflichtversicherung – Unfallversicherung – 3. Säule – Lebensversicherung ■ Haushaltskosten – Nahrung und Getränke – Auswärtige Verpflegung – Körperpflege – Wasch- und Putzmittel – Entsorgungsgebühren

Ein Budget zu erstellen, ist keine Hexerei, es braucht allerdings Zeit und etwas Geduld. In einem ersten Schritt listen Sie alle Ihre Einnahmen und Ausgaben auf. Was dazu gehört, sehen Sie im untenstehenden Kasten.

> **INFO** *Auf der Website der Budgetberatung Schweiz finden Sie diverse Merkblätter und Budgetvorlagen. Ebenso finden Sie Adressen von Beratungsstellen in Ihrer Nähe (www.budgetberatung.ch).*

- Reparaturen
- Kleinere Anschaffungen und Geschenke
- Mobilitätskosten
  - Bahn- oder Tramabonnement
  - Kosten für Auto oder Motorrad (inkl. Versicherung, Reparaturen, Service, Benzin, Garage und Amortisation)
- Persönliche Auslagen
  - Coiffeur
  - Kleider
  - Taschengeld, Hobby
- Verschiedenes
  - Raten für Kredite, Darlehen, Leasingverträge
  - Alimente und andere Unterstützungszahlungen
  - Aus- und Weiterbildungskosten
  - Zeitungen und Zeitschriften
- Steuern
- Rückstellungen
  - Franchise und Selbstbehalt der Krankenkasse
  - Ferien
  - Grössere Anschaffungen
  - Unvorhergesehenes

Besser mit dem Geld umgehen

Viele Menschen geraten in finanzielle Engpässe, weil sie kein Geld für die Steuern, für grössere Anschaffungen und Unvorhergesehenes zur Seite legen oder nicht daran denken, dass sie bei einer Krankheit sowohl die gewählte Franchise als auch einen Selbstbehalt bezahlen müssen. Das können Sie vermeiden, indem Sie ein Sparkonto eröffnen und jeden Monat den errechneten Betrag für Steuern und Rückstellungen überweisen.

Wenn Sie feststellen, dass Ihre Ausgaben zu hoch sind für Ihre Einnahmen, bleibt Ihnen nichts anderes übrig, als das Budget zu überarbeiten. Gehen Sie alle Ausgaben durch und überprüfen Sie, wo Sie Geld einsparen können. Dazu müssen Sie wohl oder übel Kompromisse eingehen. Vielleicht müssen Sie dieses Jahr die Ferien streichen? Sie können aber auch schon viel einsparen, wenn Sie Ihr Mittagessen von zu Hause mitnehmen, statt im Restaurant zu essen.

> ❗ **TIPPS** *Es ist zwar zeitaufwendig, trotzdem lohnt es sich, ein detailliertes Haushaltsbuch zu führen. Dank Digitalisierung muss das nicht mehr auf einem herkömmlichen Papierblock geschehen. Viel praktischer sind hier Apps, die Sie auf dem Smartphone installieren. Sie werden staunen, wie viel Sie für Kleinigkeiten ausgeben. Getränke vom Kiosk, im Restaurant oder in der Bar zum Beispiel sind sehr teuer und hinterlassen eine spürbare Lücke im Portemonnaie. Anhand Ihres Haushaltsbuchs können Sie sich überlegen, welche Ausgaben Ihnen wirklich wichtig sind und auf welche Sie leichten Herzens verzichten können.*

Es ist verlockend, Schulden zu machen und so das knappe Budget aufzubessern. Damit wird aber alles nur noch schlimmer. Denn Sie werden diese Schulden kaum mehr abbauen können. Ihr Budget lässt eine Abzahlung gar nicht zu (mehr zum Thema Schulden auf der nächsten Seite).

> **?** Ich habe mir vorgenommen, ein Haushaltsbuch zu führen. Ich finde das Aufschreiben in diesem Buch aber ziemlich mühsam, und zudem habe ich es ja nicht immer dabei. Haben Sie einen Tipp?
>
> Es gibt verschiedene Apps, mit denen Sie Ihr Haushaltsbuch führen können. So können Sie Ihre Ausgaben stets sofort eintragen und müssen kein Buch mit sich herumtragen.

Schulden und der Weg aus der Sackgasse

Es ist gar nicht so einfach, sich aus einer Schuldenspirale wieder zu befreien – aber es ist machbar. Schulden sanieren bedeutet, sie abzuzahlen. Eine solche Schuldensanierung ist aufwendig und dauert in der Regel mehrere Jahre. Sie ist für Sie als Schuldner oder Schuldnerin mit grossen finanziellen Einschränkungen verbunden. Während der Zeit der Sanierung müssen Sie mit dem betreibungsrechtlichen Existenzminimum leben und mit dem Rest Ihres Einkommens die Schulden in Raten abzahlen.

Wie vorgehen?

Für eine Schuldensanierung wenden Sie sich am besten an eine seriöse Schuldenberatungsstelle. Diese wird zusammen mit Ihren Gläubigern einen detaillierten Abzahlungsplan ausarbeiten. In der Regel verzichten die Gläubiger dabei auf einen Teil ihres Geldes.

Die Gläubiger können nicht zu einer solchen aussergerichtlichen Schuldensanierung gezwungen werden. Auch ist das Vorgehen nur dann möglich, wenn Sie als Schuldner oder Schuldnerin folgende Voraussetzungen erfüllen:

- Sie verfügen über ein regelmässiges Einkommen, das über dem betreibungsrechtlichen Existenzminimum liegt.

- Sie können die Schulden innert drei Jahren zurückzahlen
- Sie geben auf der Schuldenberatungsstelle ausnahmslos alle Ihre Schulden an.
- Sie halten sich an die mit den Gläubigern vereinbarten Ratenzahlungen.

TIPP *Grundsätzlich können Sie mit Ihren Gläubigern selber eine Schuldensanierung aushandeln. Viele Gläubiger sind aber nur dann bereit einer Sanierung zuzustimmen, wenn eine anerkannte Beratungsstelle hinter Ihnen steht. Es lohnt sich daher, sich von einer Fachstelle beraten zu lassen.*

Finger weg von kommerziellen Schuldensanierern!
In Zeitungen und im Internet findet man immer wieder Inserate von Treuhandbüros und kommerziellen Schuldensanierern, die Schuldenberatungen und -sanierungen anbieten. Diese Dienste sind sehr teuer und führen Sie nur noch tiefer in die Schuldenspirale.

Wenden Sie sich stattdessen an eine anerkannte Beratungsstelle. In den meisten Kantonen gibt es öffentliche Schuldenberatungsstellen. Daneben bieten auch die Caritas und das Schweizerische Rote Kreuz seriöse Beratungen an. Allerdings braucht es oft etwas Geduld, bis man einen Termin erhält.

TIPP *Die Adressen von seriösen Schuldenberatungsstellen in Ihrer Nähe finden Sie auf der Website des Dachverbands Schuldenberatung Schweiz (www.schulden.ch).*

Wie hoch ist das betreibungsrechtliche Existenzminimum?
Es existiert nicht nur ein Existenzminimum; neben dem betreibungsrechtlichen gibt es auch ein soziales (mehr dazu auf Seite 134). Das betreibungsrechtliche Existenzminimum wird individuell berechnet, es setzt sich aus zwei Posten zusammen:

- **Monatlicher Grundbedarf:** Der Grundbedarf deckt die Kosten für Nahrung, Kleidung, Wäsche, Körperpflege und den Wohnungsunterhalt. Für eine alleinstehende Person beträgt er 1200 Franken pro Monat, für Ehe- und Konkubinatspaare 1700 Franken. Einzelne Kantone (AG, SG, SO, SZ, ZH) haben eigene, abweichende Bestimmungen.
- **Anerkannte individuelle Auslagen:** Mit dem Grundbedarf allein kann man den Lebensunterhalt nicht finanzieren. Zur Berechnung des Existenzminimums werden daher auch folgende Auslagen (in der tatsächlichen Höhe) miteingerechnet:
  - Miete inklusive Nebenkosten
  - Heizkosten
  - Obligatorische Versicherungen
  - Krankenkasse
  - Berufsauslagen
  - Notwendige auswärtige Verpflegung
  - Fahrkosten zum Arbeitsplatz

BUCHTIPP

Mehr zum klugen Umgang mit Geld finden Sie in diesem Beobachter-Ratgeber:
Clever mit Geld umgehen. Budget, Sparen, Wege aus der Schuldenfalle.
www.beobachter.ch/buchshop

Ich habe Schulden, aber eine Schuldensanierung ist wohl sehr mühsam. Was bringt sie mir überhaupt?

Mit einer Schuldensanierung können Sie erreichen, dass Ihre Gläubiger auf eine Betreibung verzichten. Voraussetzung dafür ist aber, dass Sie sich an die Abmachungen halten und die Schulden auch tatsächlich abzahlen. Eine Schuldensanierung gibt Ihnen also Zeit und schützt Sie vor betreibungsrechtlichen Schritten Ihrer Gläubiger.

- Unterstützungs- und Unterhaltsbeiträge
- Auslagen für Arzt, Zahnarzt und Medikamente (nur wenn man belegt, dass man sie bezahlt hat)

Die kantonalen Bestimmungen sowie eine Excel-Tabelle zur Berechnung des betreibungsrechtlichen Existenzminimums finden Sie auf der Website der Berner Schuldenberatung (www.schuldeninfo.ch).

Ist der Privatkonkurs eine Lösung?

Ist eine Schuldensanierung nicht möglich oder bereits gescheitert, bleibt als letzter Ausweg der Privatkonkurs. Aber aufgepasst, der Privatkonkurs führt nicht zu einer Sanierung! Die Schulden bleiben weiterhin bestehen, Ihre Gläubiger erhalten Verlustscheine – und diese verjähren erst nach zwanzig Jahren. Zudem kostet ein Privatkonkurs bis zu 5000 Franken, die Sie selber bezahlen müssen.

Mit dem Privatkonkurs erhalten Sie die Chance, sich wirtschaftlich zu erholen. Ihre Gläubiger können die Verlustscheine aus dem Konkurs erst wieder geltend machen, wenn Sie zu neuem Vermögen gekommen sind. Was heisst das?

Neues Vermögen liegt nicht nur vor, wenn Sie eine Erbschaft gemacht oder im Lotto gewonnen haben. Wenn Sie (wieder) so viel verdienen, dass Sie mit Ihrem Einkommen neues Vermögen bilden könnten, können die Gläubiger ebenfalls ihre Ausstände zurückfordern. Auch wenn Sie in der Zwischenzeit das Geld für etwas anderes ausgegeben haben.

❗ TIPP *Ist Ihr Einkommen so tief, dass die Verschuldung auch nach dem Konkurs weitergehen würde, empfiehlt sich ein Privatkonkurs nicht. Dies ist besonders dann der Fall, wenn Sie bereits am oder gar unter dem Existenzminimum leben.*

VOR- UND NACHTEILE EINES PRIVATKONKURSES

Vorteile	Nachteile
■ Betreibungen – Laufende Betreibungen werden gestoppt – Schutz vor neuen Betreibungen: Betreibt Sie ein Konkursgläubiger erneut, können Sie Rechtsvorschlag erheben und anmerken, dass Sie seit dem Privatkonkurs nicht zu neuem Vermögen gekommen sind. ■ Keine Lohnpfändung mehr – Die Lohnpfändung wird ab dem Tag der Konkurseröffnung gestoppt.	■ Eintrag im Betreibungsregister – Zukünftige Vermieter und Arbeitgeber können sich einen Auszug aus diesem Register geben lassen. – Solange die Verlustscheine weder getilgt noch verjährt sind, wird Auskunft über sie gegeben. ■ Nachteile im Berufsleben – Durch den Privatkonkurs wird die Überschuldung öffentlich. Arbeiten Sie in einem Beruf, in dem Sie auf einen guten Leumund angewiesen sind, kann das zum Problem werden. ■ Probleme für Ausländer und Ausländerinnen aus Drittstaaten – Die Verlängerung der Aufenthaltsbewilligung oder der Niederlassungsbewilligung sowie der Familiennachzug können verweigert werden.

Der Tolggen im Reinheft: Betreibungen

Wer Rechnungen nicht bezahlt, kann betrieben werden. Doch selbst wenn Sie Ihre Rechnungen stets pünktlich bezahlen, sind Sie nicht vor einer Betreibung geschützt – es gibt tatsächlich Schikanebetreibungen. Denn in der Schweiz kann jeder jeden betreiben – unabhängig davon, ob tatsächlich eine Forderung besteht oder nicht.

Auf den folgenden Seiten erfahren Sie, wie Sie sich gegen einen ungerechtfertigten Zahlungsbefehl wehren können, wie es nach einem Rechtsvorschlag weitergeht und wie lange ein Eintrag im Betreibungsregister bestehen bleibt.

Zahlungsbefehl und Rechtsvorschlag

Wenn Sie von jemandem betrieben werden, erhalten Sie als Erstes Post vom Betreibungsamt: Die Betreibung wird Ihnen in Form eines Zahlungsbefehls zugestellt. Meist wird der Zahlungsbefehl vom Pöstler gebracht, in einigen Kantonen vom Betreibungsweibel. Wollen Sie die Forderung bestreiten, müssen Sie innerhalb von zehn Tagen Rechtsvorschlag erheben. Damit wird die Betreibung (vorerst) gestoppt.

TIPP *Rechtsvorschlag erheben ist einfach. Sie können dem Postboten mitteilen, dass Sie Rechtsvorschlag erheben. Notieren Sie direkt auf dem Zahlungsbefehl: «Ich erhebe Rechts-*

vorschlag» und geben Sie das Papier dem zustellenden Beamten wieder mit. Sie können aber auch innerhalb von zehn Tagen beim Betreibungsamt erklären, dass Sie Rechtsvorschlag erheben. Das können Sie telefonisch tun, besser ist aus Beweisgründen ein eingeschriebener Brief.

Nach dem Rechtsvorschlag wird die Betreibung nicht automatisch weitergeführt. Der Gläubiger kann frühestens 20 Tage und spätestens ein Jahr nach der Zustellung des Zahlungsbefehls die Fortsetzung verlangen. Ist seine Forderung berechtigt, kommt es schliesslich zur Pfändung. Ziel einer Betreibung ist es, das Geld für die ausstehende Forderung einzutreiben. Firmen – zum Beispiel eine GmbH, eine AG, eine Genossenschaft, aber auch Vereine, Stiftungen und Einzelfirmen – werden nicht gepfändet, sondern auf Konkurs betrieben.

 Ich habe eine grössere Rechnung nicht bezahlt. Heute habe ich die Betreibung erhalten. Was soll ich nun machen?

Schlagen Sie Ihrem Gläubiger vor, dass Sie die von ihm betriebene Forderung inklusive der Betreibungskosten sofort bezahlen, wenn er dafür die Betreibung löscht. Lassen Sie sich die Löschung vom Gläubiger schriftlich bestätigen, bevor Sie das Geld überweisen! In der Regel gehen Gläubiger auf einen solchen Handel ein, unter Umständen gegen Bezahlung einer geringen Umtriebsentschädigung.

TIPP *Ist die betriebene Forderung berechtigt, gewinnen Sie mit einem Rechtsvorschlag nur Zeit, um das Geld für die Bezahlung der offenen Rechnung zu beschaffen. Dadurch können* *aber zusätzliche Betreibungs- und Gerichtskosten entstehen, die Sie zusätzlich begleichen müssen. Deshalb ist es in einem solchen Fall besser, wenn Sie Kontakt mit dem Gläubiger aufnehmen und versuchen, sich mit ihm über das Abstottern der offenen Rechnung zu einigen.*

Was darf gepfändet werden?

Gepfändet werden können wertvolle Gegenstände, Schmuck, Wertpapiere und Geld. Häufig wird auch der Lohn des Schuldners, der Schuldnerin gepfändet. Schuldner haben auf jeden Fall Anspruch auf das betreibungsrechtliche Existenzminimum. Alles was über diesem Betrag liegt, nennt sich pfändbare Quote und darf gepfändet werden. Die gepfändeten Gegenstände werden versteigert, und der Erlös geht an Ihre Gläubiger.

Nicht alles darf gepfändet werden. Sozialhilfeleistungen, Gelder der AHV, IV und Ergänzungsleistungen sowie Gegenstände des täglichen Gebrauchs (Kleider, Bett, Tisch, Stühle und Ähnliches) sind von der Pfändung ausgenommen.

Können auch mit der Pfändung nicht alle Forderungen bezahlt werden, erhalten die Gläubiger einen Verlustschein. Mit diesem können sie Sie jederzeit wieder betreiben. Ein Verlustschein verjährt erst nach 20 Jahren.

Die Konsequenzen der Betreibung

Eine Betreibung ist mit zusätzlichen Kosten verbunden. Diese werden zwar vom Gläubiger vorgeschossen, müssen aber vom Schuldner, also von Ihnen, zurückgezahlt werden.

Die Betreibung wird im Betreibungsregister festgehalten und ist während fünf Jahren in Ihrem persönlichen Betreibungsregisterauszug ersichtlich. Dieser Auszug gibt Auskunft über Ihre Zahlungsfähigkeit und Ihre Zahlungsmoral und sagt viel über Sie aus. Wollen Sie eine neue Wohnung mieten, müssen Sie in der Regel einen Betreibungsregisterauszug vorweisen. Sind darin Betreibungen verzeichnet, wird es schwierig mit der neuen Wohnung. Hat die Vermieterin mehrere Interessenten, wird sie die Wohnung wohl lieber an jemanden mit einem sauberen Betreibungsregisterauszug vermieten. Die Sicherheit, dass die Miete jeden Monat pünktlich bezahlt wird, hat meist Vorrang vor anderen Gründen.

TIPP *Um einen Eintrag im Betreibungsregister zu verhindern, lohnt es sich, mit Ihren Gläubigern das Gespräch zu suchen. Vielleicht sind diese ja bereit, mit Ihnen eine Ratenzahlung auszuhandeln. Einen Versuch ist es auf jeden Fall wert. Die Gläubiger werden eher auf einen solchen Vorschlag eingehen, wenn die Dauer der Abzahlung nicht zu lange ist. Schlagen Sie aber nur Raten vor, die Sie tatsächlich bezahlen können.*

Ich möchte endlich bei meinen Eltern ausziehen und eine eigene Wohnung mieten. Leider wurde ich in der Vergangenheit mehrmals betrieben. Wie lange sind diese Betreibungen ersichtlich?

Jede Betreibung wird im Betreibungsregister eingetragen und erscheint während fünf Jahren in Ihrem persönlichen Betreibungsregisterauszug. Auch Forderungen, die Sie nach dem Einleiten der Betreibung bezahlt haben, sind während fünf Jahren ersichtlich. Hingegen sind Betreibungen, die der Gläubiger gelöscht hat, nicht mehr ersichtlich.

Einträge im Betreibungsregister löschen

Wer zu Unrecht betrieben wurde, kann seit dem 1.1.2019 den Eintrag im Betreibungsregister einfacher löschen lassen. Wichtig ist auch hier, dass innerhalb von zehn Tagen Rechtsvorschlag erhoben wurde. Wird der Gläubiger nicht innerhalb von drei Monaten aktiv und verlangt die Fortsetzung der Betreibung, können Sie die Löschung dieses Eintrags beantragen. Das kostet 40 Franken. Nachdem Sie diese Löschung gefordert haben, hat der Gläubiger 20 Tage Zeit, die Betreibung doch noch fortzusetzen. Wird er in dieser Frist nicht aktiv, ist der Eintrag gelöscht.

2

Das Netz der sozialen Sicherheit

Job verloren – die Arbeitslosenversicherung

Im vierten Quartal 2020 waren gemäss Bundesamt für Statistik in der Schweiz 246 000 Personen erwerbslos. Zum Glück führt aber heute weder eine Arbeitslosigkeit noch ein Konkurs des Arbeitsgebers automatisch in die Armut. Das stellt die Arbeitslosenversicherung sicher.

Die Arbeitslosenversicherung (ALV) ist eine obligatorische Sozialversicherung. Alle Arbeitnehmenden der Schweiz sind darin automatisch versichert. Die Beiträge an die ALV teilen Sie sich als Arbeitnehmer oder Arbeitnehmerin mit Ihrer Arbeitgeberin; beide zahlen je die Hälfte.

Bei Arbeitslosigkeit zahlt die ALV ein Taggeld aus. Damit Sie Arbeitslosengelder beantragen können, müssen Sie entweder ganz oder teilweise arbeitslos sein und eine neue Arbeit suchen. Ihre Verpflichtungen gegenüber der ALV beginnen in der Kündigungsfrist. Zeichnet sich ab, dass Sie nicht nahtlos in eine neue Stelle wechseln können, müssen Sie bereits dann intensiv nach Arbeit suchen – sind Sie dann tatsächlich arbeitslos, müssen Sie Ihre Suche noch verstärken. Ihre Bemühungen müssen Sie dem Regionalen Arbeitsvermittlungszentrum (RAV) nachweisen.

> **INFO** *Das Arbeitslosengeld wird als Taggeld, also als Betrag pro Tag, ausgezahlt. Sie erhalten pro Woche fünf Taggelder. Da die Anzahl Werktage je nach Monat unterschiedlich ist, ist auch die Arbeitslosenentschädigung nicht jeden Monat gleich hoch.*

Wann gibt es Geld?

Um ALV-Taggelder beanspruchen zu können, müssen – neben einer ganzen oder einer teilweisen Arbeitslosigkeit – folgende Bedingungen erfüllt sein:
- Sie wohnen in der Schweiz.
- Sie haben die obligatorische Schulzeit hinter sich und sind noch nicht im AHV-Alter.
- Sie haben die Beitragszeit erfüllt.
- Sie sind vermittlungsfähig.

Die nötige Beitragszeit
Sie erhalten nur dann Geld von der Arbeitslosenversicherung, wenn Sie in den zwei Jahren vor der Anmeldung während mindestens zwölf Monaten eine Arbeitstätigkeit ausgeübt und Beiträge an die Arbeitslosenversicherung gezahlt haben. Hatten Sie mehrere Arbeitsstellen, muss die Anstellungszeit zusammengerechnet mindestens zwölf ganze Kalendermonate gedauert haben.

> **?** **Die letzten fünf Jahre war ich nicht erwerbstätig, ich war Hausfrau und für die Erziehung unserer zwei Kinder zuständig. Nun hat mich mein Mann verlassen und ich muss mir eine Arbeit suchen. Kann ich mich arbeitslos melden?**
>
> Ja, das können Sie. Wer wegen einer Trennung oder Scheidung eine Arbeit suchen muss, ist von der Beitragspflicht befreit und darf sich arbeitslos melden. Ihre Arbeitslosenunterstützung wird aber aufgrund von tieferen Pauschalansätzen berechnet und Sie erhalten maximal 90 Taggelder.

Was heisst vermittlungsfähig?
Taggelder der Arbeitslosenkasse erhalten Sie nur, wenn Sie vermittlungsfähig sind. Folgende Bedingungen müssen Sie dazu erfüllen:
- Sie sind bereit, jede zumutbare Arbeit anzunehmen und sich intensiv um eine Arbeitsstelle zu bemühen.
- Sie sind in der Lage, zu arbeiten. Sie sind sowohl körperlich als auch geistig arbeitsfähig und sowohl örtlich als auch zeitlich verfügbar.
- Sie sind berechtigt, zu arbeiten. Wer einen ausländischen Pass hat, braucht eine Arbeitsbewilligung.

> **?** Ich bin seit vier Monaten arbeitslos. Nun habe ich mich für eine an sich interessante Stelle beworben. Beim Vorstellungsgespräch habe ich aber erfahren, dass der Arbeitsort in einer anderen Stadt liegt. Der Arbeitsweg beträgt fast zwei Stunden pro Weg. Muss ich diese Arbeit annehmen?
>
> Ja, das müssen Sie. Laut Arbeitslosenversicherungsgesetz gelten zwei Stunden pro Arbeitsweg als zumutbar, und Sie sind verpflichtet, jede zumutbare Stelle anzunehmen. Wenn Sie dies nicht tun, drohen Einstelltage (siehe Seite 62).

Hilfe, mein Arbeitgeber geht Konkurs!
Wenn Ihr Arbeitgeber Konkurs geht und Sie noch offene Lohnforderungen haben, hilft Ihnen die Arbeitslosenversicherung weiter. Sie können bei der zuständigen Kasse eine Insolvenzentschädigung beantragen. Diese Entschädigung beträgt maximal vier Monatslöhne. Um dieses Geld zu bekommen, müssen Sie die Insolvenzentschädigung

spätestens 60 Tage nach der Veröffentlichung des Konkurses bei der öffentlichen Arbeitslosenkasse beantragen, die am Ort des Betreibungs- und Konkursamts zuständig ist.

ACHTUNG *Zahlt Ihr Arbeitgeber den Lohn nicht mehr, müssen Sie alles unternehmen, um das ausstehende Geld einzufordern. Als Erstes müssen Sie dem Arbeitgeber einen eingeschriebenen Brief mit einer Mahnung schicken und eine Frist zur Bezahlung setzen. Wenn auch dies nichts nützt, müssen Sie Ihren Arbeitgeber betreiben. Dies ist eine Voraussetzung für den Anspruch auf Insolvenzentschädigung.*

Wie beantragt man Arbeitslosentaggeld?

Melden Sie sich spätestens am ersten Tag, für den Sie Leistungen der Arbeitslosenversicherung beanspruchen, bei Ihrer Gemeindeverwaltung oder direkt beim zuständigen Regionalen Arbeitsvermittlungszentrum (RAV). Dort erhalten Sie eine Liste der Arbeitslosenkassen,

---

DIESE DOKUMENTE MÜSSEN SIE MITNEHMEN
Nehmen Sie zur Anmeldung auf dem RAV folgende Dokumente mit:
- AHV-Ausweis
- einen amtlichen Personenausweis (Identitätskarte, Pass, Führerausweis)
- Ausländerausweis, Niederlassungsbewilligung bei ausländischen Staatsangehörigen
- Falls in Ihrem Kanton die Erstanmeldung direkt beim RAV erfolgt: die Wohnsitzbescheinigung oder den Schriftenempfangsschein der Wohnsitzgemeinde

---

von denen Sie eine auswählen können. Das RAV ist zuständig für die Stellenvermittlung und Beratung und kontrolliert Ihre Bemühungen um eine Stelle und Ihre Vermittelbarkeit. Die Arbeitslosenkasse klärt Ihren Anspruch auf Taggeld und zahlt die Leistungen aus.

Es ist für Sie von Vorteil, wenn Sie sich bereits während der Kündigungsfrist beim RAV anmelden. Wenn Sie mit Ihrer RAV-Beraterin vereinbaren, wie viele Bewerbungen Sie noch in der Kündigungsfrist einreichen müssen, sparen Sie sich allfälligen Ärger wegen zu wenigen Arbeitsbemühungen.

Wie viel Geld gibt es?

Das Taggeld berechnet sich aus Ihrem Verdienst vor der Arbeitslosigkeit. Der maximal versicherte Monatslohn liegt bei 12 350 Franken (Stand 2021). Wer mehr verdient, kann nur diesen Teil seines Lohnes versichern. Um die Höhe des Taggelds zu bestimmen, wird der versicherte Teil des Monatslohns auf einen Werktag umgerechnet (geteilt durch 21,7). Das Taggeld beträgt dann 70 oder 80 Prozent dieses Betrags.
- 80 Prozent des versicherten Verdienstes
  - für Personen mit einer Unterhaltspflicht für Kinder unter 25 Jahren.
  - für Personen mit einem Taggeld von weniger als 140 Franken.
  - für Personen, die eine Invalidenrente von mindestens 40 Prozent beziehen.
- 70 Prozent für alle übrigen Arbeitslosen

BEAT H. IST VERHEIRATET und Familienvater. Vor seiner Arbeitslosigkeit hat er 7000 Franken netto verdient. Da er für seine beiden Kinder unterstützungspflichtig ist, erhält er 80 Prozent seines letzten Lohnes. Das ergibt ein Taggeld von 258 Franken (7000 geteilt durch 21,7 = 322.50, davon 80 Prozent)

AUCH THOMAS R. hat vor seiner Arbeitslosigkeit 7000 Franken netto verdient. Er ist ledig und hat keine Kinder. Deshalb erhält er 70 Prozent seines letzten Lohnes, also 225.80 Franken pro Tag.

Grundsätzlich erhalten Sie das erste Arbeitslosentaggeld erst nach einer Wartezeit. Am Anfang gibt es also noch kein Geld, obwohl Sie bereits alle Anspruchsvoraussetzungen erfüllen. Die Wartezeit beträgt zwischen fünf und 20 Tagen – je nach Situation. Keine Wartezeiten haben Arbeitslose, die einen versicherten Verdienst von maximal 36 000 Franken pro Jahr haben, sowie Arbeitslose mit Unterhaltspflichten für Kinder unter 25, deren versicherter Lohn maximal 60 000 Franken beträgt. Beim RAV erfahren Sie, ob und wie viele Tage Sie warten müssen, bis Sie Geld erhalten.

Wie lange erhält man Arbeitslosengelder?
Die Taggelder werden während einer Rahmenfrist von zwei Jahren ausgezahlt. Doch nicht alle Arbeitslosen erhalten in dieser Zeitspanne gleich viele Taggelder. Wie lange Sie Taggeld beziehen können, hängt von folgenden Faktoren ab:
- von Ihrer Beitragsdauer
- von Ihrem Alter
- von Ihrer Unterhaltspflicht für Kinder

Je nach Situation erhalten Sie zwischen 200 und 640 Taggelder. Erkundigen Sie sich direkt beim RAV, wie viele Taggelder Sie maximal beziehen können.

KEVIN F. IST 20 JAHRE ALT. Er hat nach seiner Lehre ein Jahr gearbeitet und danach die Stelle verloren. Er hat 200 Taggelder zugut.
KLARA D. IST 37 JAHRE ALT und hat immer gearbeitet. Nun hat sie die Stelle verloren. Sie hat Anspruch auf 400 Taggelder.

DIE 56-JÄHRIGE MARIA Z. verliert nach zehn Jahren Arbeit bei der gleichen Firma ihre Stelle. Sie erhält 520 Taggelder.
MAX U. IST 61 JAHRE ALT, als er seine Stelle verliert und arbeitslos wird. Bis zu diesem Zeitpunkt hat er stets gearbeitet. Da er vier Jahre vor dem Rentenalter steht, hat er zusätzliche Taggelder zugut. Er bekommt 640 Taggelder.

Einstelltage: Wer sich nicht an Auflagen hält, wird bestraft

Mit Einstelltagen werden Arbeitslose bestraft, die aus eigenem Verschulden in die Arbeitslosigkeit geraten sind oder die sich zu wenig um eine neue Arbeit bemüht haben. Auch verpasste Termine mit dem RAV-Berater können mit Einstelltagen bestraft werden.

Während Einstelltagen wird kein Taggeld ausgezahlt, obwohl die Bedingungen für einen Bezug erfüllt sind. Trotzdem müssen Sie auch in dieser Zeit allen ihren Pflichten nachkommen, insbesondere nach einer neuen Stelle suchen. Je nach Schwere des Verschuldens erhalten Sie bis 60 Tage lang kein Geld.

> **❓ Der Arbeitgeber hat mir gekündigt, und ich musste mich beim RAV anmelden. Nun habe ich die Mitteilung erhalten, während sieben Einstelltagen kein Geld zu erhalten. Als Grund steht im Brief, dass ich den Verlust meiner Arbeitsstelle mitverschulde! Kann das RAV mir Einstelltage aufbrummen, obwohl der Arbeitgeber gekündigt hat?**
>
> Ja, auch wenn der Arbeitgeber die Stelle gekündigt hat, untersucht die Arbeitslosenkasse, ob die versicherte Person eine Schuld am Stellenverlust trägt. Dies wäre zum Beispiel der Fall, wenn Ihnen gekündigt wurde, weil Sie sich wiederholt nicht an Weisungen gehalten haben. Mit sieben Einstelltagen wurde Ihr Verschulden als leicht eingestuft. Die Arbeitslosenversicherung muss Ihr Fehlverhalten allerdings klar beweisen können.

Ausgesteuert – was nun?

Hat jemand alle ihm zustehenden Taggelder bezogen, ist aber nach wie vor ohne Stelle, wird er oder sie ausgesteuert. Kann man dann Sozialhilfe beziehen? Im Prinzip ja – aber zuerst muss man noch vorhandenes Vermögen für den Lebensunterhalt aufbrauchen. Das vorhandene Geld soll so lange wie möglich reichen, deshalb ist eine sorgfältige Planung wichtig (mehr dazu auf Seite 40). Nur wer mittellos ist, hat Anspruch auf Sozialhilfe.

Änderungen bei den Sozialversicherungen

Solange Sie Arbeitslosengeld beziehen können, sind Sie relativ gut abgesichert. Fällt dieses Ersatzeinkommen weg, ergeben sich folgende wesentlichen Änderungen bei den Sozialversicherungen:

- **AHV/IV/EO:** Nach der Aussteuerung gilt man bei der AHV als nicht erwerbstätig. Um Beitragslücken zu vermeiden, sollten Sie sich umgehend bei der kantonalen AHV-Ausgleichskasse anmelden und die Nichterwerbstätigen-Beiträge bezahlen (Adressen unter www.ahv-iv.ch → Kontakte).
- **Pensionskasse:** Einen Monat nach dem letzten Bezug von Arbeitslosentaggeld endet die Risikoversicherung in der 2. Säule. Eine freiwillige Weiterversicherung ist grundsätzlich innerhalb von 90 Tagen nach der Aussteuerung möglich.
- **Unfallversicherung:** 31 Tage nach dem letzten Bezug von Arbeitslosentaggeld endet der Schutz durch die obligatorische Unfallversicherung. Sie können die Versicherungsdeckung mit einer Abredeversicherung um maximal 180 Tage verlängern. Danach müssen Sie die Unfalldeckung bei Ihrer Krankenkasse abschliessen.
- **Krankentaggeld:** Haben Sie eine Einzel-Krankentaggeldversicherung abgeschlossen? Diese dürfte

BUCHTIPP

Weitere Informationen zum Thema Arbeitslosenversicherung finden Sie in diesem Beobachter-Ratgeber: **Job weg. Was tun bei Kündigung und Arbeitslosigkeit?**
www.beobachter.ch/buchshop

in aller Regel nach der Aussteuerung nicht mehr sinnvoll sein. Klären Sie das direkt mit Ihrer Versicherung ab und kündigen Sie allenfalls auf den nächstmöglichen Zeitpunkt.

Baby born – die Mutterschaftsentschädigung

Die Frauen in der Schweiz mussten sich lange in Geduld üben, bis sie endlich einen Versicherungsschutz bei Mutterschaft erhielten. Bereits 1945 bestand ein Verfassungsauftrag zur Absicherung der Mutterschaft. Es dauerte aber ganze 60 Jahre und benötigte diverse politische Vorstösse, bis 2005 die Mutterschaftsentschädigung eingeführt werden konnte.

Die Mutterschaftsentschädigung zahlt ab dem Tag der Geburt des Kindes während maximal 14 Wochen – das sind 98 Tage – ein Taggeld aus. Dieses wird auch ausgezahlt, wenn das Kind tot geboren wird oder bei der Geburt stirbt, sofern die Schwangerschaft mindestens 23 Wochen gedauert hat. Beginnt eine Mutter vor Ablauf der 14 Wochen wieder zu arbeiten, verfällt der Anspruch auf die Mutterschaftsentschädigung.

Die Kantone können einen Mutterschaftsurlaub von mehr als 14 Wochen vorsehen. Wie die Situation in Ihrem Kanton aussieht, erfahren Sie bei der kantonalen AHV-Ausgleichskasse. Auch gewisse Arbeitgeber bezahlen einen längeren Mutterschaftsurlaub. Informationen dazu erteilt Ihnen das Personalbüro Ihres Arbeitgebers.

Wann gibt es Geld?

Ein Taggeld der Mutterschaftsentschädigung erhalten Sie als Mutter, wenn Sie bis zur Geburt einer Erwerbstätigkeit nachgehen oder Taggelder einer Sozialversicherung (Arbeitslosengeld, IV-, Unfall- oder Krankentaggeld) erhalten. Um die Entschädigung geltend machen zu können, müssen Sie in den neun Monaten vor der Geburt bei der AHV versichert und während mindestens fünf Monaten erwerbstätig gewesen sein.

> **INFO** *Die Mutterschaftsentschädigung ist nicht daran gebunden, dass Sie nach der Geburt wieder erwerbstätig sind. Sie bekommen das Geld auch, wenn Sie zu Hause bleiben.*

Wie beantragt man Mutterschaftsentschädigung?

Die Mutterschaftsentschädigung wird nicht automatisch ausgezahlt; man muss sie bei der zuständigen Ausgleichskasse ausdrücklich beantragen. Die Anmeldung können Sie erst nach der Geburt einreichen, da die Ausgleichskasse das Datum der Geburt kennen muss. Nur so lässt sich ausrechnen, wie lange Sie Anspruch auf die Mutterschaftsentschädigung haben.

> **INFO** *Mutterschaftsentschädigung kann man auch nachträglich beantragen. Fünf Jahre nach der Geburt erlischt der Anspruch jedoch definitiv.*

Beantragen können diese Gelder in erster Linie Sie als Mutter. Falls Ihr Arbeitgeber Ihnen während Ihres Mutterschaftsurlaubs Lohn zahlt und Sie die Gelder der Mutterschaftsversicherung nicht selber beantragen, kann er sie beziehen.

INFO *Auf der Website der AHV/IV finden Sie das Merkblatt «Mutterschaftsentschädigung» sowie das Formular «Anmeldung für eine Mutterschaftsentschädigung» (www.ahv-iv.ch → Merkblätter und Formulare).*

Wie viel Geld gibt es?

Die Mutterschaftsentschädigung beträgt 80 Prozent des Einkommens, das Sie durchschnittlich vor der Geburt Ihres Kindes erzielt haben. Die Entschädigung wird in Form eines Taggelds ausgezahlt und ist AHV-pflichtig. Das maximale Taggeld liegt bei 196 Franken. Dies entspricht 5880 Franken pro Monat und wird erreicht bei einem monatlichen Einkommen von 7350 Franken (Stand 2021).

Beziehen Sie vor der Geburt ein Taggeld der Arbeitslosenkasse, der IV, der Unfall- oder der Krankenversicherung, ist die Mutterschaftsentschädigung mindestens gleich hoch wie dieses Taggeld. Solange Sie Mutterschaftsentschädigung beziehen, bekommen Sie kein anderes Taggeld.

? **Ich habe mich vor drei Jahren als Coiffeuse selbständig gemacht und verdiene pro Jahr durchschnittlich 45 000 Franken. Nun bin ich schwanger. Habe ich Anspruch auf Mutterschaftsentschädigung?**

Ja, das haben Sie. Zur Berechnung wird ihr durchschnittliches Jahreseinkommen verwendet. Dieses wird durch 360 Tage geteilt und mit dem Faktor 0,8 multipliziert. Bei einem durchschnittlichen Jahreseinkommen von 45 000 Franken erhalten Sie also ein Taggeld von 100 Franken (45 000 : 360 × 0,8), das sind insgesamt 9800 Franken.

Die Absicherung bei Krankheit und Unfall

Eine lang dauernde Erkrankung oder ein schwerer Unfall können ein grosses Loch ins Portemonnaie reissen. Hier springen die Krankenkasse und die Unfallversicherung und unter Umständen auch eine Krankentaggeldversicherung ein.

Die Heilungskosten nach einer Krankheit sind für alle in der Schweiz wohnenden Menschen über die Krankenkasse versichert. Man muss sich allerdings ein Stück weit an den Kosten beteiligen. Die Heilungskosten nach einem Unfall sind für Angestellte, die mindestens acht Stunden pro Woche für den gleichen Arbeitgeber arbeiten, durch die obligatorische Unfallversicherung gedeckt; hier gibt es keine Kostenbeteiligung. Angestellte erhalten zudem bei einer Arbeitsunfähigkeit wegen Unfall – und zum Teil auch bei Krankheit – den Einkommensverlust ersetzt. Bei Unfall sind sie deutlich besser abgesichert.

Was die Krankenkasse zahlen muss

Seit dem 1. Januar 1996 müssen sich alle Personen, die in der Schweiz wohnen, bei einer Krankenkasse versichern. Für die Grundversicherung gilt das Krankenkassenobligatorium. Diese Versicherung entsteht aber nicht automatisch. Spätestens drei Monate, nachdem man in die Schweiz gezogen ist, muss man sich bei einer Krankenkasse anmelden. Eltern müssen ihr Kind drei Monate nach der Geburt anmelden.

Die Grundversicherung übernimmt die Kosten, die für die Diagnose und Behandlung von Krankheiten und ihren Folgen entstehen. Sie übernimmt zudem Leistungen bei Schwangerschaft und – sofern Sie keine andere Versicherung haben – auch die Heilungskosten für einen Unfall. Sie bezahlt zum Beispiel Arztbesuche, Spitalaufenthalte, Physiotherapien und kassenpflichtige Medikamente. Hingegen werden Zahnarztkosten in der Regel nicht von der Grundversicherung übernommen.

> **INFO** *Melden Sie sich verspätet an und haben Sie bereits vor der Anmeldung Untersuchungen und Behandlungen vornehmen lassen, müssen Sie diese selber bezahlen. Die Krankenkasse übernimmt diese Kosten nicht.*

Alternative Heilmethoden
Auch die folgenden fünf alternativen Heilmethoden werden von der Grundversicherung bezahlt:
- Homöopathie
- Anthroposophische Medizin
- Neuraltherapie
- Phytotherapie
- Traditionelle chinesische Medizin

Die Kosten für alternative Heilmethoden werden nur dann von der Grundversicherung bezahlt, wenn die Behandlung durch einen Arzt, eine Ärztin mit entsprechender Weiterbildung vorgenommen wird. Die Behandlung bei einem Naturheiler bezahlt die Grundversicherung nicht. Lassen Sie sich vor der Behandlung eine Kostengutsprache geben, so können Sie böse Überraschungen vermeiden.

> **INFO** *Auf der Website des Bundesamts für Gesundheit können Sie nachlesen, welche Leistungen die Grundversicherung genau übernimmt (www.bag.admin.ch → Themen → Krankenversicherung → Leistungen).*

Die Kostenbeteiligung

Nicht alle Kosten, die im Zusammenhang mit einer Krankheit entstehen, werden von der Grundversicherung übernommen. Die Versicherten müssen sich an den Kosten beteiligen. Diese Kostenbeteiligung umfasst folgende Posten:

- **Franchise:** Das ist ein fixer jährlicher Betrag, mit dem Sie sich an den Kosten beteiligen. Die Mindestfranchise für Erwachsene beträgt 500 Franken und 100 Franken für Kinder unter 18 (mehr zur Franchise auf der nächsten Seite).
- **Selbstbehalt:** Übersteigen die Krankheitskosten die Franchise, müssen Sie sich mit zehn Prozent an diesen zusätzlichen Kosten beteiligen.
    - Für Erwachsene liegt der jährliche Höchstbetrag des Selbstbehalts bei 700 Franken.
    - Für Kinder bezahlt man maximal 350 Franken Selbstbehalt pro Jahr.
- **Spitalaufenthalt:** Neben der Franchise und dem Selbstbehalt bezahlt man bei einem Spitalaufenthalt in der Regel 15 Franken pro Tag für die Verpflegung. Dieser Beitrag entfällt für folgende Personen:
    - Kinder
    - Junge Erwachsene bis 25 Jahre, die in Ausbildung sind
    - Frauen, die wegen einer Mutterschaft im Spital sind

So können Sie bei der Krankenkasse sparen

Krankenkassenprämien sind nicht günstig und können für Menschen mit wenig Geld zu einer grossen finanziellen Belastung werden. Die Unterschiede zwischen den verschiedenen Krankenkassen sind beträchtlich. Es lohnt sich daher, die Prämien zu vergleichen und allenfalls die Kasse zu wechseln. Am besten tun Sie das Ende Jahr: Bis spätestens Ende Oktober muss Ihnen die Krankenkasse die neue Versicherungsprämie mitteilen. Wollen Sie wechseln, muss Ihre Kündigung spätestens am 30. November bei der Krankenkasse eingetroffen sein. Informationen über die verschiedenen Prämienansätze erhalten Sie im Internet (www.comparis.ch und www.priminfo.ch).

INFO *Haben Sie noch offene Rechnungen bei Ihrer Krankenkasse? Dann ist ein Wechsel nicht möglich. Erst wenn alle Rechnungen und allfällige Mahngebühren bezahlt sind, können Sie die Kasse wechseln.*

Sparen 1: Prämienverbilligung

Personen, die mit wenig Geld ihren Lebensunterhalt bestreiten müssen, erhalten eine Verbilligung für die Prämien der Grundversicherung. Diese Prämienverbilligung ist kantonal geregelt. In vielen Kantonen werden Sie informiert, wenn Sie Anspruch auf diese Unterstützung haben. In anderen Kantonen müssen Sie selber aktiv werden und die Prämienverbilligung beantragen.

TIPP *Der Sozialdienst Ihrer Wohngemeinde kann abschätzen, ob Sie allenfalls eine Prämienverbilligung zugut haben. Er kann Ihnen auch sagen, wo Sie diese beantragen können. Vereinbaren Sie einen Termin und lassen Sie sich beraten.*

Sparen 2: die richtige Franchise

Mit der Wahl der Franchise können Sie Geld sparen. Je höher die Franchise, desto tiefer fallen die Prämien aus. Die minimale Franchise für Erwachsene beträgt 500 Franken, die maximale 2500 Franken (Stand 2021). Sie können unter Einhaltung der Kündigungsfrist jeweils auf Ende eines Kalenderjahrs zu einer höheren oder auch zu einer tieferen Franchise wechseln. Dieser Wechsel ist auch möglich, wenn Sie krank sind und Leistungen der Krankenkasse beziehen.

> **?** Ich muss mein Geld immer sehr gut einteilen, damit es bis Ende des Monats ausreicht. Die Krankenkassenprämien sind wahnsinnig hoch und ich überlege, ob ich die Franchise auf 2500 Franken erhöhen soll. Damit könnte ich jeden Monat Geld sparen.
>
> Haben Sie 2500 Franken auf einem Konto? Wenn Sie Ihre Franchise auf diesen Betrag erhöhen und krank werden, müssen Sie zuerst so viel selber bezahlen, bevor die Krankenkasse etwas übernimmt. Übersteigen Ihre Krankheitskosten die 2500 Franken, müssen Sie sich zudem mit zehn Prozent an den weiteren Kosten beteiligen (bis maximal 700 Franken). Deshalb gilt: Wenn Sie das Geld angespart haben und nicht für anderes brauchen und wenn Sie keine grossen Krankheitskosten erwarten, können Sie einen Wechsel der Franchise vornehmen. Wenn nicht, bringen Sie sich damit unter Umständen in Schwierigkeiten.

Sparen 3: das richtige Versicherungsmodell

Neben der normalen Grundversicherung gibt es verschiedene Versicherungsmodelle, mit denen Sie Geld einsparen können:

- **Gesundheitszentren (HMO):** Sie verpflichten sich, sich – ausser in einem Notfall – in einem HMO-Zentrum behandeln zu lassen. Ihr HMO-Arzt, Ihre HMO-Ärztin entscheidet, ob ein Spezialist hinzugezogen werden muss.
    → Einsparpotenzial: bis zu 20 Prozent
- **Hausarztmodell:** Sie verpflichten sich, sich – ausser in einem Notfall – zuerst an Ihren Hausarzt, Ihre Hausärztin zu wenden. Er oder sie entscheidet, ob ein Spezialist hinzugezogen werden muss.
    → Einsparpotenzial: bis zu 10 Prozent
- **Telmed:** Bevor Sie einen Arzt, eine Ärztin aufsuchen, wenden Sie sich an eine telefonische Beratungsstelle.
    → Einsparpotenzial: bis zu 20 Prozent

Wenn Sie beim HMO- oder beim Hausarztmodell ausserhalb einer Notfallsituation die Dienste eines anderen Arztes in Anspruch nehmen, müssen Sie in der Regel alle Kosten selber bezahlen. Dasselbe gilt beim Telmed-Modell, wenn Sie, ohne vorher anzurufen, einen Arzt aufsuchen.

> **TIPP** *Sie sind angestellt und arbeiten mindestens acht Stunden pro Woche im selben Betrieb? Dann sind Sie automatisch durch Ihren Arbeitgeber gegen Unfall versichert. Sie brauchen keine zusätzliche Unfalldeckung bei der Krankenkasse. Kündigen Sie diese auf den nächstmöglichen Termin.*

Zusatzversicherungen sind meist unnötig

Für Menschen, die mit wenig Geld auskommen müssen, können die Prämien von Zusatzversicherungen das Budget unnötig strapazieren. Zusatzversicherungen sind teuer und bringen oft keinen zusätzlichen Nutzen. Auch mit der Grundversicherung sind Sie gut versichert.

Die Zusatzversicherungen gehören nicht zu den Sozialversicherungen. Deshalb dürfen die Krankenkassen in diesem Bereich die Prämien risikogerecht gestalten. Das heisst zum Beispiel: Ältere Menschen zahlen höhere Prämien. Zudem können die Krankenkassen die Aufnahme auch ablehnen, wenn sie jemanden als ein «schlechtes Risiko» einstufen.

> **ACHTUNG** *Wollen Sie eine Zusatzversicherung abschliessen, müssen Sie einen Gesundheitsfragebogen ausfüllen, damit die Krankenkasse das Risiko abschätzen kann. Es ist wichtig, dass Sie diesen korrekt ausfüllen. Bemerkt die Krankenkasse, dass Sie unwahre Angaben gemacht haben, kann sie den Vertrag auflösen.*

Unnötige Zusatzversicherungen kündigen

Überprüfen Sie Ihre Zusatzversicherungen genau. Auf welche wollen und können Sie auf keinen Fall verzichten? Alle anderen Versicherungen können Sie kündigen. Eine Kündigung ist jeweils auf Ende eines Kalenderjahrs, also auf den 31. Dezember, möglich. Beachten Sie dabei unbedingt die Kündigungsfristen! Diese betragen zwischen drei und sechs Monaten. Was bei Ihrer Krankenkasse gilt, finden Sie in den Versicherungsbedingungen.

 **BUCHTIPP**

Alle Informationen zur finanziellen Absicherung bei Krankheit und Unfall lesen Sie in diesem Beobachter-Ratgeber: **Krankheit oder Unfall – wie weiter im Job? Das gilt, wenn Sie nicht arbeiten können.**
www.beobachter.ch/buchshop

Krankentaggeldversicherung

Bei Krankheit ist der Arbeitgeber verpflichtet, den Lohn während einer beschränkten Zeit weiterzuzahlen. Viele Arbeitgeber decken diese Lohnfortzahlungspflicht dadurch ab, dass sie für ihre Angestellten eine Krankentaggeldversicherung abschliessen. Sie sind aber gesetzlich nicht dazu verpflichtet.

Was bringt Ihnen als Arbeitnehmer, als Arbeitnehmerin eine Krankentaggeldversicherung? Wenn Sie noch nicht lange in Ihrem Betrieb arbeiten, muss Ihnen der Arbeitgeber den Lohn nur während einer relativ kurzen Zeit weiterzahlen. Hat er hingegen eine Krankentaggeldversicherung abgeschlossen, erhalten Sie in der Regel während zwei Jahren 80 Prozent Ihres Lohns.

ANNA R. ARBEITET SEIT NEUN MONATEN bei ihrer Firma, als sie an Brustkrebs erkrankt. Von Gesetzes wegen hätte sie nur während drei Wochen Anspruch auf ihren vollen Lohn. Ihr Arbeitgeber hat aber eine Krankentaggeldversicherung abgeschlossen. So erhält Frau R. zwar nur 80 Prozent ihres Lohnes, dies dafür zwei Jahre lang.

Die obligatorische Unfallversicherung

Ein Unfall kann hohe Kosten nach sich ziehen. Die obligatorische Unfallversicherung (UVG) sichert die Folgen von Berufsunfällen, Nichtberufsunfällen und Berufskrankheiten ab. Gegen Berufsunfälle und Berufskrankheiten sind alle Arbeitnehmenden in der Schweiz versichert, gegen Nichtbetriebsunfälle nur diejenigen, die beim selben Arbeitgeber mindestens acht Stunden pro Woche arbeiten.

Auch Arbeitslose sind grundsätzlich UVG-versichert. Selbständigerwerbende können sich freiwillig der obligatorischen Unfallversicherung anschliessen.

TIPP *Sind Sie über Ihren Arbeitgeber gegen Unfall versichert? Dann brauchen Sie keine zusätzliche private Unfallversicherung, diese Kosten können Sie sparen. Kündigen Sie die private Unfallversicherung auf den nächstmöglichen Termin.*

Beginn und Ende der Versicherung

Die Versicherungsdeckung beginnt um Mitternacht (0.00 Uhr) des Tages, an dem Sie eine Arbeitsstelle antreten. Auch wenn Sie wegen eines Unfalls die Stelle nicht antreten können, sind Sie versichert.

Da die Unfallversicherung an Ihr Arbeitsverhältnis gekoppelt ist, beendet ein Stellenaustritt auch die Versicherungsdeckung. Sie endet allerdings nicht sofort, sondern 31 Tage nach Ende des mindestens halben Lohnanspruchs.

TIPP *Haben Sie einen Unfall erlitten? Diesen müssen Sie umgehend Ihrem Arbeitgeber oder direkt der Unfallversicherung melden. Ihr Arbeitgeber hat das nötige Meldeformular. Nehmen Sie sich Zeit, dieses Formular sorgfältig auszufüllen, und beschreiben Sie den Unfallhergang möglichst detailliert.*

Verlängerung durch Taggeldbezug
Die Versicherungsdeckung läuft auch weiter, wenn Sie zwar keinen Lohn, dafür aber ein Taggeld beziehen, das mindestens Ihrem halben Lohn entspricht. Die Taggelder der folgenden Versicherungen führen zu einer Verlängerung:
- Unfallversicherung
- Militärversicherung
- Invalidenversicherung
- Erwerbsersatzordnung

Sind Sie aufgrund eines früheren Unfalls arbeitsunfähig und beziehen Taggelder, sind Sie für weitere Unfälle versichert. Dies gilt auch, wenn das Arbeitsverhältnis inzwischen beendet ist.

Vorsicht bei Krankentaggeldern!
Der Bezug von Krankentaggeldern schiebt das Ende der Unfallversicherung längstens bis zur Beendigung des Arbeitsverhältnisses auf. Sobald der Arbeitgeber Ihr Arbeitsverhältnis beendet, sind Sie nur noch für 31 Tage gegen Unfall versichert. Auch dann, wenn Sie weiterhin ein Krankentaggeld erhalten.

> **?** Bei einem Arbeitsunfall habe ich mir das Bein gebrochen. Jetzt habe ich erfahren, dass mein Arbeitgeber gar keine obligatorische Unfallversicherung abgeschlossen hat. Muss ich nun die Kosten des Unfalls selber bezahlen?
>
> Nein, das müssen Sie nicht. Auch wenn Ihr Arbeitgeber keine Unfallversicherung abgeschlossen hat, sind Sie versichert. Die Unfallversicherung treibt die ausstehenden Versicherungsprämien beim Arbeitgeber ein.

Was zahlt die Unfallversicherung?
Die Unfallversicherung übernimmt die Kosten, die im Zusammenhang mit einem Unfall entstehen: Behandlungskosten von Ärzten, Zahnärzten, kassenpflichtige Medikamente, Untersuchungen, Therapien und Analysen. Auch ein Spitalaufenthalt in der allgemeinen Abteilung wird übernommen. Neben den Heilungskosten übernimmt die Unfallversicherung aber noch weitere Leistungen:
- **Taggeld:** Ab dem dritten Tag nach dem Unfall erhalten Sie ein Unfalltaggeld von 80 Prozent des Lohnes (Obergrenze: 80 Prozent von 148 200 Franken; Stand 2020).
- **Invalidenrente:** Werden Sie aufgrund eines Unfalls invalid, zahlt Ihnen die Unfallversicherung eine Invalidenrente. Bei einer Vollinvalidität beträgt die Rente 80 Prozent Ihres Verdienstes. Zusammen mit einer allfälligen AHV- oder IV-Rente darf aber nicht mehr als 90 Prozent Ihres versicherten Lohnes ausgezahlt werden.
- **Integritätsentschädigung:** Erleiden Sie durch einen Unfall eine dauernde und erhebliche Schädigung der körperlichen, geistigen oder psychischen Integrität, haben Sie Anspruch auf eine Integritätsentschädigung. Diese wird Ihnen in Form einer Kapitalleistung ausgezahlt.
- **Hilflosenentschädigung:** Wer aufgrund eines Unfalls invalid wird und dauerhaft auf die Hilfe von Dritten angewiesen ist, hat Anspruch auf eine Hilflosenentschädigung. Diese wird monatlich ausgezahlt.
- **Hinterlassenenrente:** Stirbt eine versicherte Person an den Folgen eines Unfalls, haben der überlebende Ehepartner, die Ehepartnerin und die Kinder Anspruch auf eine Hinterlassenenrente.

ACHTUNG *Diese Leistungen stehen Ihnen nur zu, wenn Sie durch den Arbeitgeber bei einer Unfallversicherung versichert sind. Sind Sie hingegen nicht berufstätig und haben die Unfalldeckung bei Ihrer Krankenkasse eingeschlossen, haben Sie keinen Anspruch auf Taggelder, Renten, Integritäts- und Hilflosen-*

entschädigung. Die Krankenkasse übernimmt lediglich die Behandlungskosten. Zudem müssen Sie auf diesen Kosten sowohl die Franchise als auch den Selbstbehalt bezahlen.

Nichts geht mehr: die Invalidenversicherung

Die Invalidenversicherung (IV) ist eine obligatorische Versicherung. Alle Personen, die in der Schweiz wohnen und/oder hier arbeiten, sind automatisch versichert. Die IV sichert Menschen gegen die finanziellen Folgen einer Invalidität ab.

Das Ziel der Invalidenversicherung ist es, bei einer Invalidität die Existenzgrundlage entweder durch Eingliederungsmassnahmen oder Geldleistungen zu sichern. Bei der IV gilt der Grundsatz: Eingliederung vor Rente. Die IV-Stellen prüfen daher immer zuerst, ob invalide

---

DEFINITION INVALIDITÄT

Invalid im Sinn des Gesetzes ist jemand, wenn aufgrund eines Gesundheitsschadens eine dauernde (teilweise) Erwerbsunfähigkeit besteht.
Es ist unerheblich, ob der Gesundheitsschaden die Folge einer Krankheit, eines Unfalls oder eines Geburtsgebrechens ist. Wer zwar gesundheitlich beeinträchtigt ist, aber trotzdem erwerbstätig sein und den Lebensunterhalt in ähnlichem Mass wie bisher verdienen kann, ist nicht invalid.

Menschen durch verschiedene Massnahmen wieder ins Erwerbsleben integriert werden können. Nur wenn dies nicht möglich ist oder nicht gelingt, wird ein Rentenanspruch überhaupt erst geprüft.

Wann gibt es Geld?

Eine Rente ist die letzte Massnahme, die die IV in Betracht zieht. Getreu dem Motto «Eingliederung vor Rente» bezahlt die IV zuerst verschiedene andere Leistungen, immer mit dem Ziel, eine invalide Person wieder in den Arbeitsalltag zu integrieren. Das sind die Leistungen der IV im Rahmen der Eingliederung:

- **Eingliederungsmassnahmen** haben zum Ziel, die Erwerbsfähigkeit wiederherzustellen, zu verbessern oder zu erhalten. Massnahmen zur Integration in den Arbeitsmarkt – etwa eine Unterstützung am Arbeitsplatz – stehen dabei im Vordergrund. Ist eine Eingliederung nicht möglich, können sowohl Ausbildungen als auch Arbeitsplätze in einem geschützten Bereich vermittelt werden.
- **Umschulungen** werden von der IV finanziert, wenn jemand aus gesundheitlichen Gründen mindestens 20 Prozent Lohneinbusse in Kauf nehmen muss. Es muss aber die Aussicht bestehen, dass dank der Umschulung eine Wiedereingliederung in die Berufswelt möglich ist. Einen beruflichen Aufstieg finanziert die IV hingegen nicht.
- **Hilfsmittel** werden von der IV finanziert, damit sich eine invalide Person beruflich und sozial wieder eingliedern kann. Hilfsmittel können sein: Gehhilfen, Rollstühle, Sehhilfen, Fahrzeuge, Treppenlifte.

Ein Anspruch auf eine Rente entsteht erst, wenn die Wiedereingliederung nicht gelingt. Zudem muss der oder die Versicherte während mindestens eines Jahres ohne wesentlichen Unterbruch durchschnittlich zu mindestens 40 Prozent erwerbsunfähig gewesen sein (mehr zum Thema Rente auf Seite 81).

Hilflosenentschädigung

Wer wegen eines Gesundheitsschadens bei alltäglichen Verrichtungen wie Anziehen, Körperpflege, Essen dauernd auf die Hilfe von Drittpersonen, auf Pflege oder Überwachung angewiesen ist und bei der IV versichert ist, dem steht eine Hilflosenentschädigung zu. Die IV unterscheidet zwischen leichter, mittlerer und schwerer Hilflosigkeit. Die Höhe der Entschädigung hängt vom Grad der Hilflosigkeit ab und beträgt für invalide Personen, die in einem eigenen Zuhause leben (Stand 2021):

Personen, die zu Hause leben	Personen, die im Heim leben	Höhe der Hilflosigkeit
478 Franken	120 Franken	leicht
1195 Franken	299 Franken	mittel
1912 Franken	478 Franken	schwer

> **ACHTUNG** *Diese Beiträge gelten für Personen, die eine IV-Rente beziehen. Pensionierte Personen, die eine AHV-Altersrente beziehen, erhalten andere Beträge (siehe Seite 87).*

Wie beantragt man die Leistungen?

Jeder Kanton hat eine eigene IV-Stelle. Diese nimmt die Anmeldung entgegen und gibt auch Auskünfte bei Fragen. Um sich anzumelden, müssen Sie das Formular «Anmeldung für Erwachsene: Berufliche Integration/Rente» einreichen. Achten Sie darauf, dass Sie Ihr Gesuch sorgfältig und vollständig ausfüllen. Besonders wichtig sind folgende Punkte:
- Beginn der Arbeitsunfähigkeit
- Angabe der zuständigen Pensionskasse
- Angabe der behandelnden Ärzte und Ärztinnen

INFO *Auf der Website der AHV/IV finden Sie einerseits die Adressen der kantonalen IV-Stellen (www.ahv-iv.ch → Kontakte) und andererseits die Formulare «Anmeldung für Erwachsene: Berufliche Integration/Rente», «Anmeldung für Erwachsene: Hilfsmittel der IV», «Anmeldung für Erwachsene: Hilflosenentschädigung der IV» und «Anmeldung für Minderjährige: Hilflosenentschädigung» (www.ahv-iv.ch → Formulare & Merkblätter → Leistungen der IV).*

Von der Anmeldung zur Rente

Bis eine IV-Rente ausgezahlt wird, dauert es oft sehr lange. Anspruch auf eine IV-Rente haben Sie erst, wenn Sie während eines Jahres zu durchschnittlich 40 Prozent arbeitsunfähig waren. Zudem erhalten Sie eine Rente frühestens sechs Monate nach Ihrer Anmeldung bei der Invalidenversicherung.

WERNER A. IST SEIT NOVEMBER 2020 zu 100 Prozent arbeitsunfähig. Er wird also frühestens ab November 2021 eine Rente erhalten. Meldet er sich jedoch erst im August 2021 an, bekommt er die Rente erst ab Februar 2022.

TIPPS *Warten Sie nicht zu lange mit der IV-Anmeldung. Eine Rente darf frühestens sechs Monate nach der Anmeldung zugesprochen werden. Melden Sie sich deshalb spätestens sechs Monate nach Eintritt der Arbeitsunfähigkeit an.*

Vorsicht Beitragslücken! Diese können eine IV-Rente deutlich verkleinern. Es gelten die gleichen Regeln wie bei der AHV. Alles zum Thema Beitragslücken lesen Sie auf Seite 84.

Wie viel Rente gibt es?

Die IV-Rente berechnet sich nach den gleichen Grundsätzen wie die AHV-Rente. Sie erhalten also nicht einen Prozentsatz Ihres Einkommens, sondern einen fixen Rentenbetrag. Die minimale volle IV-Rente beträgt 1195 Franken pro Monat, die maximale volle Rente 2390 Franken (Stand 2021). Eine solche Vollrente erhalten Sie aber nur, wenn Sie ab dem vollendeten 20. Altersjahr lückenlos die AHV/IV-Beiträge bezahlt haben. Bestehen Beitragslücken, gibt es nur eine Teilrente.

 **BUCHTIPP**
Alles über die IV und weitere Versicherungen bei einer Invalidität erfahren Sie in diesem Beobachter-Ratgeber: **IV – Was steht mir zu? Das müssen Sie über Renten, Rechte und Versicherungen wissen.**
www.beobachter.ch/buchshop

Die Renten der IV sind zudem nach dem Invaliditätsgrad abgestuft. Unter 40 Prozent Invalidität gibt es gar keine Rente, danach gelten folgende Abstufungen:

- Viertelsrente   ab 40 Prozent Invalidität
- Halbe Rente   ab 50 Prozent Invalidität
- Dreiviertelsrente   ab 60 Prozent Invalidität
- Ganze Rente   ab 70 Prozent Invalidität

Hinweis auf Gesetzesänderung
Ab 2022 werden die Invalidenrenten neu nach einem stufenlosen Rentensystem berechnet. Dabei kommt es auf jedes Prozent des IV-Grades an. Bei einem Invaliditätsgrad von 40 bis 49 Prozent gilt eine Abstufung des Rentenanteils von 25 bis 47,5 Prozent. Bei einem Invaliditätsgrad von 50–69 Prozent entspricht der prozentuale Anteil dem Invaliditätsgrad. Bei einem Invaliditätsgrad ab 70 Prozent besteht wie bisher ein Anspruch auf eine ganze Rente. Das stufenlose Rentensystem wird auf alle Rentenansprüche angewendet, die ab dem 1. Januar 2022 neu entstehen. Rentenansprüche, die vor dem 1. Januar 2022 entstanden sind, werden noch nach altem Recht zugesprochen.

Das stufenlose Rentensystem wird auf alle Rentenansprüche angewendet, die ab dem 1. Januar 2022 neu entstehen. Rentenansprüche, die vor dem 1. Januar 2022 entstanden sind, werden noch nach altem Recht zugesprochen.

◆ **GREGOR U. IST GÄRTNER,** kann aber wegen Rückenproblemen nicht mehr in seinem Beruf arbeiten. Trotz Umschulungen hat er gemäss der IV eine Lohneinbusse von 55 Prozent. Damit erhält Herr U. eine halbe Rente. Aufgrund seiner Beitragszahlungen und weil er keine Beitragslücken hat, erhält er eine volle Rente, das sind 1195 Franken.

Einen Anspruch auf eine IV-Rente haben Sie nur, wenn Sie vor Eintritt der Invalidität während mindestens drei Jahren AHV/IV-Beiträge bezahlt haben.

❗ **ACHTUNG** *Wer eine Viertelsrenten der IV bezieht und ins Ausland ziehen möchte, verliert unter Umständen seinen Anspruch auf diese Rente. Weitere Informationen finden Sie auf der Homepage der Zentralen Ausgleichskasse ZAS www.zas.admin.ch*

AHV – die erste Säule der Altersvorsorge

Bis 1948 war das Alter ein reales Armutsrisiko für Menschen in der Schweiz. Wer nicht genügend hatte sparen können, kinderlos war und keiner Arbeit mehr nachging, dem blieb kaum das Nötigste zum Leben. Seit der Einführung der AHV hat sich das zum Glück geändert.

Die AHV ist die Alters- und Hinterlassenenversicherung der Schweiz. Sie ist obligatorisch; alle Menschen, die in der Schweiz wohnen oder arbeiten, sind automatisch versichert. Die AHV zahlt einerseits ab dem Rentenalter die AHV-Altersrente aus. Sie sichert aber auch Hinterlassene ab: Stirbt eine versicherte Person, haben unter gewissen Voraussetzungen der Ehemann, die Ehefrau sowie die Kinder Anspruch auf eine Rente.

INFO *Menschen, die in einer eingetragenen Partnerschaft leben, werden von der AHV wie auch von anderen Sozialversicherungen annähernd gleich behandelt wie Ehepaare.*

Die Beiträge an die AHV

Beiträge an die AHV zahlen alle Erwerbstätigen ab dem 1. Januar des Jahres, in dem sie 18 Jahre alt werden. Der Beitrag wird vom Arbeitgeber abgezogen und an die AHV überwiesen. Selbständigerwerbende rechnen selber mit der AHV ab. Die Beitragspflicht endet mit dem Monat, in dem jemand das AHV-Rentenalter erreicht.

Auch Nichterwerbstätige (Hausfrauen und Hausmänner, Studierende) müssen Beiträge an die AHV zahlen, und zwar ab dem 1. Januar, nachdem sie 20 Jahre alt geworden sind. Wenn bei einem Ehepaar nur eine Seite berufstätig ist und die andere sich um den Haushalt und die Kinder kümmert, reicht es aus, wenn der berufstätige Ehepartner den doppelten Mindestbetrag an die AHV einzahlt. Das sind aktuell 1006 Franken pro Jahr (Stand 2021).

> **TIPPS** *Als nicht erwerbstätige Verheiratete müssen Sie aufpassen, wenn Ihr Ehemann, Ihre Frau pensioniert wird. Ab diesem Zeitpunkt gelten Ihre Beiträge nicht mehr automatisch als bezahlt. Sie müssen selber jährlich den Mindestbeitrag einzahlen, um keine Beitragslücken zu riskieren. Auch Personen, die bei der Arbeitslosenversicherung ausgesteuert werden, müssen sich um die AHV kümmern und Nichterwerbstätigenbeiträge bezahlen.*

Auf der Website der AHV finden Sie das Merkblatt «Beiträge der Nichterwerbstätigen an die AHV, die IV und die EO» (www.ahv-iv.ch → Merkblätter & Formulare).

Beitragslücken schliessen

Beitragslücken können aus verschiedenen Gründen entstehen. Etwa bei Studierenden, die nicht wissen, dass sie ab 20 auch als Nichterwerbstätige Beiträge bezahlen müssen. Aber auch wenn jemand bei einem längeren Auslandsaufenthalt keine Beiträge einzahlt oder wenn eine geschiedene Frau, die nicht erwerbstätig ist, vergisst, sich bei der Ausgleichskasse zu melden und selber Beiträge zu zahlen.

Solche Beitragslücken können Sie schliessen, indem Sie die Beiträge für die fehlenden Jahre nachzahlen. Dies ist aber nur für die letzten fünf Jahre möglich und nur, wenn für Sie in dieser Zeit in der Schweiz eine Versicherungspflicht bestanden hat. Für weiter zurückliegende Jahre kann man nichts mehr nachzahlen.

> **?** Ich habe in jungen Jahren lange im Ausland gearbeitet und in dieser Zeit keine Beiträge an die AHV bezahlt. Trotz allen Bemühungen sind Lücken im Umfang von drei Jahren zurückgeblieben. Welche Auswirkungen hat dies auf meine zukünftige Rente?
>
> Die Beitragslücken führen zu einer Rentenkürzung. Pro fehlendes Beitragsjahr wird Ihre AHV-Altersrente um 1/44 gekürzt, das sind fast 2,3 Prozent. Für die drei fehlenden Jahre wird Ihre Rente also um 6,9 Prozent gekürzt.

Es kann passieren, dass ein Arbeitgeber die AHV-Beiträge zwar abzieht, aber nicht an die AHV weiterleitet. Daraus entsteht Ihnen kein Nachteil; die Beiträge werden Ihnen dennoch gutgeschrieben.

Voraussetzung ist aber, dass Sie alles beweisen können. Kontrollieren Sie Ihre Lohnabrechnungen, ob darauf die Abzüge vermerkt sind. Bewahren Sie die Abrechnungen auf, bis Sie sicher sind, dass die Beiträge überwiesen wurden. Am einfachsten finden Sie das heraus, indem Sie einen Auszug Ihres Kontos bei der AHV bestellen (www.ahv-iv.ch → Merkblätter & Formulare → Bestellung Kontoauszug).

Wann gibt es Geld?

Das ordentliche Rentenalter liegt für Männer bei 65, für Frauen bei 64 Jahren. Ab diesem Zeitpunkt besteht ein Anspruch auf eine AHV-Altersrente. Zurzeit wird allerdings eine Erhöhung des Frauen-Rentenalters auf 65 Jahre diskutiert.

Der Anspruch auf die Altersrente entsteht am ersten Tag des Monats, der dem 65. bzw. 64. Geburtstag folgt. Wird ein Mann am 8. April 65 Jahre alt, steht ihm also ab dem 1. Mai die AHV-Rente zu. Eine volle Rente erhält, wer keine Beitragslücken aufweist.

> **INFO** *Wer eine Altersrente der AHV bezieht und Kinder hat, die noch in Ausbildung sind, hat zusätzlich Anspruch auf Kinderrenten. Diese werden maximal bis zum 25. Geburtstagtag der Kinder ausbezahlt.*

Witwen-, Witwer- und Waisenrenten

Die Hinterlassenenrenten sollen beim Tod des Ehemanns, der Ehefrau oder eines Elternteils verhindern, dass die nahen Angehörigen in finanzielle Not geraten. Es gibt drei Hinterlassenenrenten:

- **Witwenrente:** Eine Witwe hat Anspruch auf eine Rente, wenn sie im Zeitpunkt der Verwitwung Kinder hat. Es spielt keine Rolle, wie alt die Kinder sind. Eine kinderlose Frau hat Anspruch auf eine Witwenrente, wenn sie beim Tod ihres Mannes mindestens 45 Jahre alt ist und während mindestens fünf Jahren verheiratet war. Dabei werden auch Ehejahre aus früheren Ehen angerechnet. Heiratet eine Witwe wieder, fällt die Witwenrente weg.
- **Witwerrente:** Ein Witwer hat nur dann Anspruch auf eine Witwerrente, wenn er im Zeitpunkt der Verwitwung Kinder unter 18 Jahren hat. Die Rente erlischt, wenn das jüngste Kind 18 Jahre alt wird, ebenso bei einer erneuten Heirat.
- **Waisenrente:** Eine Waisenrente erhalten alle Kinder, deren Vater oder Mutter gestorben ist. Ausgezahlt wird sie bis zum 18. Geburtstag. Ist ein Kind dann noch in Ausbildung, dauert der Rentenanspruch bis zum Abschluss der Ausbildung, längstens aber bis zum 25. Geburtstag. Verdient das Kind in der Ausbildung mehr als 2390 Franken pro Monat, erlischt der Anspruch auf Waisenrente.

> **INFO** *Auf der Website der AHV finden Sie sowohl das Merkblatt «Hinterlassenenrente der AHV» als auch das Anmeldeformular «Anmeldung für eine Hinterlassenenrente» (www.ahv-iv.ch → Merkblätter & Formulare).*

Hilflosenentschädigung
Wer wegen eines Gesundheitsschadens bei alltäglichen Verrichtungen wie Anziehen, Körperpflege, Essen dauernd auf die Hilfe von Drittpersonen, auf Pflege oder Überwachung angewiesen ist, dem steht eine Hilflosenentschädigung zu. Die AHV unterscheidet zwischen leichter, mittlerer und schwerer Hilflosigkeit. Die Höhe der Entschädigung hängt vom Grad der Hilflosigkeit ab und beträgt (Stand 2021):
- Leichte Hilflosigkeit 239 CHF
- Mittlere Hilflosigkeit 598 CHF
- Schwere Hilflosigkeit 956 CHF

ACHTUNG *Einen Anspruch auf leichte Hilflosigkeit haben nur Personen, die zuhause leben. Zudem werden Hilflosenentschädigungen nicht ins Ausland ausbezahlt. Wenn Sie vor dem Erreichen des Rentenalters eine Hilflosenentschädigung der IV bezogen haben, so erhalten Sie weiterhin diese Beträge.*

Wie beantragt man die AHV-Rente?

Die AHV-Rente wird Ihnen nicht automatisch ausgezahlt, wenn Sie das AHV-Alter erreicht haben. Sie müssen sie mit dem offiziellen Formular beantragen. Zuständig ist die Ausgleichskasse, bei der Sie zuletzt AHV-Beiträge abgerechnet haben. Bezieht Ihr Ehemann, Ihre Frau bereits eine Rente, ist die Kasse zuständig, die diese auszahlt.

TIPP *Damit Ihre AHV-Rente rechtzeitig ausgezahlt wird, sollten Sie die Anmeldung drei bis vier Monate vor Erreichen des AHV-Alters einreichen. Die Renten werden Ihnen dann ab dem Folgemonat Ihres Geburtstags monatlich, in der Regel jeweils zum Monatsbeginn, überwiesen. Unter www.ahv-iv.ch finden Sie das Formular «Anmeldung für eine Altersrente».*

Vorbezug und Aufschub der AHV-Rente

Die AHV-Rente kann man ein oder zwei ganze Jahre vorbeziehen. Man kann sie aber auch erst ein bis fünf Jahre nach Erreichen des Rentenalters beziehen. Beziehen Sie die Rente früher, fällt sie tiefer aus; pro Vorbezugsjahr wird sie um 6,8 Prozent gekürzt. Beziehen Sie die Rente später, erhöht sie sich.

Sowohl einen Rentenvorbezug als auch einen Rentenaufschub müssen Sie rechtzeitig beantragen:

- **Vorbezug:** Reichen Sie Ihre Anmeldung drei bis vier Monate vor dem gewünschten Rentenbeginn ein. Spätestens bis zum letzten Tag Ihres Geburtstagsmonats (Männer: 63 oder 64; Frauen: 62 oder 63) muss die Anmeldung aber erledigt sein, sonst müssen Sie bis zum nächsten Jahr auf die Rente warten.
- **Aufschub:** Es genügt nicht, die AHV-Rente einfach nicht zu beantragen, wenn Sie sie aufschieben und vom Zuschlag profitieren wollen. Sie müssen eine Aufschubserklärung einreichen. Dies tun Sie mit demselben Formular, mit dem Sie auch die AHV-Altersrente beantragen. Den Rentenaufschub müssen Sie spätestens innerhalb eines Jahres seit Beginn der Rentenberechtigung einreichen, sofern noch keine Rente läuft oder beschlossen ist. Sonst erhalten Sie die Rente nur noch ohne Zuschlag bezahlt.

? In einem halben Jahr würde ich pensioniert, habe mich aber entschlossen, ein Jahr weiterzuarbeiten und erst dann meine AHV-Rente zu beziehen. Muss ich weiter AHV-Beiträge einzahlen?

Ja, das müssen Sie. Es steht Ihnen aber ein Freibetrag von 1400 Franken pro Monat und Arbeitgeber zu; für Selbständigerwerbende sind es 16 800 Franken pro Jahr. Nur auf dem Einkommen, das diesen Freibetrag übersteigt, müssen Sie AHV-Beiträge einzahlen. Beiträge an die Arbeitslosenversicherung müssen Sie hingegen keine mehr bezahlen.

Ein Vorbezug der AHV-Rente kann bei einem knappen Budget durchaus von Vorteil sein, auch wenn die Rente dadurch tiefer ausfällt. Reicht die Rente nämlich nicht, um den Lebensunterhalt zu finanzieren, kann man unter Umständen zusätzlich Ergänzungsleistungen beantragen (siehe Seite 95). Bezieht jemand Sozialhilfe, verlangt die Sozialbehörde, dass er oder sie die AHV-Rente vorbezieht (mehr dazu auf Seite 179).

INFOS *Gut zu wissen: Wenn Sie Ihre AHV-Rente vorbeziehen, müssen Sie bis zum ordentlichen Rentenalter weiterhin Beiträge an die AHV und IV bezahlen. Zudem haben Sie während dieser Zeit keinen Anspruch auf Kinderrenten.*

Weitere Informationen zum Vorbezug und zum Aufschub der Rente finden Sie im Merkblatt «Flexibles Rentenalter» (www.ahv-iv.ch → Merkblätter & Formulare).

Wie viel Geld gibt es?

Wenn Sie keine Beitragslücken aufweisen, erhalten Sie eine Altersrente von mindestens 1195 und maximal 2390 Franken (Stand 2021) – je nach Höhe Ihrer geleisteten Beiträge. Ehepaare erhalten zusammen maximal 3585 Franken. Wer hingegen Beitragslücken aufweist, erhält eine um rund 2,3 Prozent pro fehlendes Jahr gekürzte Rente.

TIPP *Wenn Sie wissen wollen, wie hoch Ihre künftige AHV-Rente sein wird, können Sie diese von der Ausgleichskasse berechnen lassen. Das ist ab dem Alter von 40 Jahren grundsätzlich kostenlos möglich. Zuständig ist die Ausgleichskasse, bei der Sie Beiträge bezahlen. Auf der Website der AHV finden Sie das Merkblatt «Rentenvorausberechnung der Informationsstelle AHV/IV» (www.ahv-iv.ch → Merkblätter & Formulare).*

Die Hinterlassenenrenten
Auch die Hinterlassenenrenten hängen von den Beiträgen des oder der Verstorbenen ab: Die Witwen- oder Witwerrente beträgt 80 Prozent der Altersrente des oder der Verstorbenen. Die Waisenrente beträgt 40 Prozent der Altersrente des verstorbenen Elternteils. Sind beide Eltern verstorben, beträgt die Waisenrente höchstens 60 Prozent der maximalen Altersrente – das sind maximal 1434 Franken (Stand 2021).

Pensionskasse – die zweite Säule der Altersvorsorge

Neben der ersten Säule, der AHV, stellt das Bundesgesetz über die berufliche Alters-, Hinterlassenen- und Invalidenvorsorge (BVG) die zweite Säule der Altersvorsorge sicher. Dieses Gesetz trat nach längerem Ringen 1985 in Kraft. Seither bieten Pensionskassen eine zusätzliche Absicherung für das Alter.

Die Aufgabe der Pensionskasse ist es, sicherzustellen, dass Frauen auch nach 64 und Männer nach 65 Jahren ihren Lebensstandard in angemessener Weise fortsetzen können. Die Pensionskassen sichern aber nicht nur das Alter ab, sondern auch die Risiken Erwerbsunfähigkeit und Tod:
- Ab Erreichen des AHV-Alters zahlt die Pensionskasse eine Altersrente.
- Beim Tod eines Versicherten werden Todesfallleistungen für die Witwe oder den Witwer, für den eingetragenen Partner oder die Partnerin und für die Waisen ausgezahlt. Fortschrittliche Pensionskassen sehen auch Leistungen für Konkubinatspartner vor.

- Bei einer Invalidität des oder der Versicherten zahlt die Pensionskasse eine Invalidenrente.

Die Minimalleistungen der Pensionskassen sind im Gesetz über die berufliche Vorsorge (BVG) definiert. Sehr viele Pensionskassen kennen daneben sogenannte überobligatorische Leistungen. Für diese ist das Reglement der Pensionskasse massgebend.

Wann gibt es Geld?

Anders als die AHV ist die Pensionskasse nicht für alle Arbeitnehmenden obligatorisch. Nur wer als Angestellter oder Angestellte mehr als 21 510 Franken pro Jahr verdient (Stand 2021), ist bei der Pensionskasse des Arbeitgebers versichert. Für Personen, die mindestens diesen Betrag verdienen, ist die Versicherung obligatorisch; sie beginnt mit dem Stellenantritt. Selbständigerwerbende können sich freiwillig bei einer Pensionskasse versichern.

Jugendliche sind ab dem Kalenderjahr, in dem sie 18 Jahre alt werden, versichert. Bis zum Kalenderjahr des 25. Geburtstags besteht aber nur ein Schutz gegen die Risiken Invalidität und Tod. Das Sparen für die Altersrente beginnt erst mit 25.

> **?** **Ich arbeite 30 Prozent, verdiene 25 000 Franken im Jahr und möchte das wenige Geld für mich behalten. Muss ich mich in der PK versichern lassen?**
>
> Ja, Sie müssen. Sobald Sie mehr als 21 510 Franken pro Jahr verdienen, ist die Versicherung bei der Pensionskasse Ihres Arbeitgebers obligatorisch. Zwar haben Sie die eingezahlten Beträge im Moment nicht zu Ihrer Verfügung, das Geld ist aber nicht weg. Es wird für Sie angespart und wird Ihnen im Alter als Rente (oder Kapital) ausgezahlt.

Wie beantragt man die Leistungen der Pensionskasse?

Ihr angespartes Altersguthaben können Sie in Form einer Rente beziehen. Es gibt keine gesetzliche Anmeldefrist, innert der Sie Ihre Rente beantragen müssen. Melden Sie den Rentenbezug trotzdem frühzeitig an, ungefähr sechs Monate vor der Pensionierung. Die Rente wird Ihnen bis zum Lebensende ausgezahlt. Das ist verlockend, wissen Sie so doch, wie viel Geld jeden Monat auf Ihr Konto fliesst.

Eine Rente hat aber auch Nachteile. Stirbt die versicherte Person, erhält der hinterbliebene Ehepartner, die Ehefrau nur noch 60 Prozent der Altersrente – zumindest im BVG-Obligatorium, im überobligatorischen Bereich können die Pensionskassen etwas anderes vorsehen. Sind beide Eltern verstorben, gehen die Nachkommen völlig leer aus.

Kapital statt Rente
Sie haben das Recht, ein Viertel Ihres Altersguthabens in Kapitalform zu beziehen. Je nach Reglement der Pensionskasse besteht auch die Möglichkeit, das gesamte Altersguthaben als Kapital zu beziehen. Der National- und der Ständerat wollen jedoch den Bezug von Alterskapital im obligatorischen Teil verbieten. In Zukunft soll nur noch der Bezug des überobligatorischen Teils als Kapital möglich sein.

Zurzeit müssen Sie einen Kapitalbezug frühzeitig anmelden, oft bis zu drei Jahre vor der Pensionierung. Beziehen Sie Ihr Pensionskassenguthaben als Kapital, können Sie frei über Ihre Altersvorsorge verfügen. Sie sind dann aber auch selber verantwortlich für ein kluges Einteilen. Leben Sie auf grossem Fuss oder ist Ihr Pensionskassenguthaben tief, reicht das Geld vermutlich nicht bis zu Ihrem Tod. Daher muss ein Kapitalbezug gut überlegt werden; oft lohnt er sich nicht.

> **TIPP** *Lesen Sie frühzeitig das Reglement Ihrer Pensionskasse, wenn Sie einen Kapitalbezug planen. Oft muss die Anmeldung für einen Kapitalbezug bis zu drei Jahre vor der Pensionierung eingereicht werden.*

Sind Sie verheiratet oder leben Sie in einer eingetragenen Partnerschaft? Dann muss Ihr Ehegatte oder Ihr Partner dem Kapitalbezug schriftlich zustimmen. Die Zustimmung muss erst zum Zeitpunkt des Kapitalbezugs gegeben werden, nicht schon bei der Anmeldung.

Die Rente früher beziehen
Gerade für Menschen über 50 ist der Arbeitsmarkt schwieriger geworden. Verlieren sie die Stelle, haben sie oft grosse Mühe, wieder eine neue Arbeit zu finden. Eine Alternative kann in diesem Fall ein Rentenvorbezug sein. Gelder der Pensionskasse können bis zu fünf Jahre vor Erreichen des Pensionsalters bezogen werden. Pro Vorbezugsjahr reduziert sich die Rente um 6 bis 7 Prozent, je nach Pensionskasse. Anders als bei der AHV sind die Pensionskassengelder nicht bei einer zentralen Stelle angelegt. Der Arbeitgeber bestimmt, welcher Pensionskasse er seinen Betrieb anschliesst. Wechseln Sie den Arbeitgeber, nehmen Sie auch Ihr angespartes Pensionskassenguthaben mit; dieses wird bei der Pensionskasse des neuen Arbeitgebers eingezahlt. Welche Fristen Sie für einen Vorbezug genau einhalten müssen, erfahren Sie direkt bei Ihrer Pensionskasse.

> **INFO** *Sie kündigen Ihre Stelle, um eine Weltreise anzutreten? Oder Sie wechseln die Stelle, arbeiten nur noch Teilzeit und verdienen lediglich 15 000 Franken pro Jahr? Dann wird Ihr Pensionskassengeld auf ein Freizügigkeitskonto einbezahlt. Auch dieses Geld können Sie frühestens fünf Jahre vor Erreichen des ordentlichen Rentenalters beziehen.*

Wie viel Geld gibt es?

Die Altersrente der Pensionskasse hängt von der Höhe Ihres angesparten Altersguthabens ab. Dieses wird durch Beiträge und Zinsen angehäuft. Beiträge bezahlen sowohl Sie als Arbeitnehmer oder Arbeitnehmerin als auch Ihr Arbeitgeber. Wie hoch Ihr Altersguthaben ist, können Sie in Ihrem Vorsorgeausweis nachlesen.

Für den obligatorischen Bereich der Pensionskasse legt der Bundesrat den Mindestzinssatz fest. Er beträgt zurzeit 0,7 Prozent (Stand 2021). Für den überobligatorischen Bereich legt der Stiftungsrat der jeweiligen Pensionskasse den Zinssatz fest. Dieser kann deutlich vom bundesrätlich verordneten Mindestzins abweichen.

 Ich habe 500 000 Franken Altersguthaben bei der Pensionskasse. Wie hoch wird meine Rente ausfallen?

Im Moment gilt ein Umwandlungssatz von 6,8 Prozent. Dieser soll in Zukunft aber gesenkt werden. Das heisst: 100 000 ergeben 6800 Franken Jahresrente. Mit Ihrem Altersguthaben ergibt das eine Jahresrente von 34 000 Franken. Der Umwandlungssatz gilt aber nur für den obligatorischen Teil Ihres Guthabens. Im überobligatorischen Bereich verwenden die meisten Kassen einen tieferen Satz. Den genauen Betrag Ihrer Altersrente müssen Sie deshalb dem jährlichen Vorsorgeausweis Ihrer Pensionskasse entnehmen.

Die Renten reichen nicht: Ergänzungsleistungen

Nicht immer reichen die Renten und allfällige weitere Einkommen aus, um die minimalen Lebenskosten zu decken. Um Sie in einer solchen Situation vor finanzieller Not zu bewahren, gibt es Ergänzungsleistungen. Zusammen mit der AHV und der IV gehören sie zum Fundament unseres Sozialstaates.

Wie der Name bereits erahnen lässt, werden Ergänzungsleistungen (EL) als Ergänzung zu einer Rente ausgezahlt. Dies kann eine Altersrente der AHV oder eine IV-Rente, aber auch eine Witwen-, Witweroder Waisenrente der AHV sein.

Gut zu wissen: Die EL-Zahlungen sind Leistungen einer Sozialversicherung und keine Sozialhilfegelder. Sie müssen von der betroffenen Person nicht zurückgezahlt werden, auch nicht, wenn sie später wieder zu Vermögen kommt. Anders sieht es mit den Erben aus. Diese müssen unter Umständen aus dem Nachlass EL zurückzahlen. Eine Verwandtenunterstützungspflicht kennt man bei den EL nicht.

Wann gibt es Ergänzungsleistungen?

Zur Berechnung des Anspruchs auf Ergänzungsleistungen (EL) werden die Ausgaben und die Einnahmen einander gegenübergestellt.
- Anerkannte Ausgaben
    - Lebensbedarf
    - Miete
    - Krankenkassenprämien

- Krankheitskosten
- Alimente (die man bezahlt)
- **Anrechenbare Einnahmen**
  - Renten
  - Erwerbseinkommen
  - Alimente (die man bekommt)
  - Vermögensertrag
  - Vermögensverzehr

Wenn die anerkannten Ausgaben die anrechenbaren Einnahmen übersteigen, besteht ein Anspruch auf EL in Höhe dieser Differenz. Die EL werden monatlich zusammen mit der Rente ausgezahlt.

EL trotz Vermögen?

Vermögen fliesst auf zwei Arten in die EL-Berechnung ein: als Vermögensertrag (Zinsen) und als Vermögensverzehr. Trotzdem muss man nicht warten, bis das Bankkonto völlig leer ist, um Ergänzungsleistungen zu beantragen. Denn ein gewisser Freibetrag wird abgezogen und bleibt zur freien Verfügung:

- Alleinstehende: 30 000 Franken
- Ehepaare und Personen in eingetragener Partnerschaft: 50 000 Franken
- Waisen: 15 000 Franken

Hat eine Einzelperson über 100 000, ein Ehepaar über 200 000 Franken Vermögen (das nicht in einer Liegenschaft gebunden ist), so besteht kein Anspruch auf Ergänzungsleistungen.

Steckt Ihr Vermögen in einem Eigenheim, gilt ein zusätzlicher Freibetrag von 112 500 Franken, es zählt der Steuerwert der Liegenschaft. Lebt bei einem Ehepaar mit Eigenheim ein Partner im Heim, wird das Vermögen sogar erst ab 300 000 Franken angerechnet. Auch hier zählt der Steuerwert der Liegenschaft.

Vom Vermögen über dem Freibetrag wird ein gewisser Prozentsatz als Vermögensverzehr zu den Einnahmen hinzugerechnet. Wie gross dieser Prozentsatz ist, hängt von der Lebenssituation ab (siehe folgenden Kasten).

VERMÖGENSVERZEHR
So viel vom Vermögen wird nach Abzug des Freibetrags als Einnahme angerechnet:
- IV-Rentner und -Rentnerinnen ¹⁄₁₅
- Zu Hause wohnende AHV-Rentner und -Rentnerinnen ¹⁄₁₀
- Im Heim lebende AHV-Rentner und -Rentnerinnen (in fast allen Kantonen) ¹⁄₅

> **?** Mein Mann und ich haben bisher zusammen in unserer Eigentumswohnung gelebt. Jetzt muss er ins Altersheim, was hohe Kosten verursacht. Ich möchte weiter in der Wohnung bleiben. Haben wir Anspruch auf Ergänzungsleistungen? Wir besitzen – abgesehen von unserer Wohnung – kein Vermögen. Nach Abzug der Hypothekarschulden hat die Wohnung einen Wert von ungefähr 150 000 Franken.
>
> Ja, Sie haben Anspruch auf Ergänzungsleistungen. Ihr Vermögen steckt in Ihrer Wohnung, und weil Ihr Mann im Altersheim lebt, gilt für Sie ein Freibetrag von 300 000 Franken. In der EL-Berechnung wird also Ihre Wohnung gar nicht als Vermögen erscheinen.

Vermögensverzicht
Schon im alten Ergänzungsleistungsgesetz war geregelt, dass verschenktes Vermögen bei der EL-Berechnung miteinbezogen wird. Neu

BUCHTIPP

Ausführliche Informationen und viele Berechnungsbeispiele finden Sie in diesem Beobachter-Ratgeber:
Ergänzungsleistungen. Wenn die AHV oder IV nicht reicht.
www.beobachter.ch/buchshop

wird jedoch auch geprüft, ob eine Person zu viel Geld für sich selber ausgegeben hat. Was bedeutet das konkret? Wer mehr als 100 000 Franken Vermögen hat, darf pro Jahr 10 Prozent seines Vermögens, wer weniger als 100 000 Franken Vermögen hat, darf pro Jahr 10 000 Franken ausgeben. Alles, was diese Grenzen übersteigt, wird als Vermögensverzicht angerechnet. Nicht berücksichtigt werden hier Ausgaben für den Werterhalt von Liegenschaften, Zahnbehandlungs- und Krankheitskosten sowie Auslagen für berufsorientierte Weiterbildungen.

HANS K. hat seiner Tochter 100 000 Franken geschenkt. Ab dem zweiten Jahr nach der Schenkung werden für die EL-Berechnung pro Jahr 10 000 Franken von diesem verschenkten Vermögen abgezogen. Es dauert also zwölf Jahre, bis die Schenkung bei der EL-Berechnung nicht mehr als verschenktes Vermögen betrachtet wird.

Vor sechs Jahren habe ich meinen Kindern je einen grösseren Geldbetrag geschenkt. Nun steht der Altersheimeintritt bevor, und ich habe deshalb Ergänzungsleistungen beantragt. Es wurde mir mitgeteilt, dass ich keinen Anspruch habe. Die Schenkung liegt aber sechs Jahre zurück. Nach fünf Jahren ist sie doch verjährt, oder?

Viele glauben, dass eine Schenkung nach fünf Jahren verjährt ist und keine Rolle mehr spielt bei der EL-Berechnung. Das ist aber nicht so. Eine Schenkung verjährt nicht. Ab dem zweiten Jahr nach der Schenkung werden pro Jahr lediglich 10 000 Franken abgezogen. Je nachdem, wie viel Sie verschenkt haben, kann es also noch eine Weile dauern, bis die Schenkung keine Auswirkung mehr auf Ihren Ergänzungsleistungsanspruch hat.

Haben Sie Vermögen verschenkt oder zu viel selber verbraucht, ist es gut möglich, dass Sie keinen Anspruch auf Ergänzungsleistungen haben. Fehlt Ihnen das Geld für den Lebensunterhalt, bleibt Ihnen nur noch der Gang auf den Sozialdienst. Anders als bei der EL gilt bei der Sozialhilfe aber die Verwandtenunterstützungspflicht. Die zuständige Behörde kann deshalb von Ihren Verwandten in gerader Linie – Grosseltern, Eltern, Kinder und Enkel – eine Unterstützung einfordern, notfalls per Gericht. Pech haben Verwandte, wenn von der Schenkung Dritte profitiert haben, die nicht unterstützungspflichtig sind: Verwandte sind nämlich auch dann unterstützungspflichtig, wenn das verschenkte Vermögen gar nicht ihnen zugefallen ist (mehr dazu auf Seite 170).

Wie beantragt man Ergänzungsleistungen?

Ergänzungsleistungen müssen Sie mit einem amtlichen Formular beantragen. Sie können zwar auch einen normalen Brief schicken, berechnet werden die EL jedoch erst, wenn das ausgefüllte Formular bei der EL-Stelle vorliegt. Sie können die Ergänzungsleistungen entweder selber beantragen, oder Sie lassen Ihre nahen Angehörigen (Ehepartner, Eltern, Kinder, Geschwister) das Formular ausfüllen und einreichen. Daneben sind der Sozialdienst oder die zuständige Kindes- und Erwachsenenschutzbehörde (Kesb) ebenfalls zu einer Anmeldung berechtigt.

Der Anspruch auf Ergänzungsleistungen besteht ab dem Datum, an dem Sie das Gesuch stellen. Auch wenn Sie die Voraussetzungen schon vorher erfüllt haben, erhalten Sie für die Zeit vor der Anmeldung nichts.

◆ **MAX B. IST IV-RENTNER.** Eigentlich würde er seit Juni 2020 die Voraussetzungen für den Bezug von Ergänzungsleistungen erfüllen. Im Januar 2021 reicht er die Anmeldung ein.

Er kann somit frühestens ab Januar 2021 Ergänzungsleistungen erhalten. Eine Nachzahlung für die Zeit von Juni 2020 bis Januar 2021 gibt es nicht.

> **TIPP** *Sie können selber berechnen, ob Sie einen Anspruch auf Ergänzungsleistungen haben. Am einfachsten geht das auf der Website von Pro Senectute (www.prosenectute.ch → Angebote → Beratung zu Finanzen → EL-Rechner).*

Für Auskünfte stehen Ihnen die kantonalen Stellen für Ergänzungsleistungen zur Verfügung. Diese nehmen auch die Anmeldung entgegen. Die Adressen finden Sie auf der Website der AHV/IV (www.ahv-iv.ch → Kontakte).

Wie viel Geld gibt es?

Die EL-Stelle zahlt Ihnen die berechneten Ergänzungsleistungen monatlich zusammen mit der Rente aus. Daneben werden auch Krankheits- und Behinderungskosten vergütet.

Die monatlichen EL-Zahlungen

Wie viel Geld Ihnen als Ergänzungsleistung ausgezahlt wird, hängt von Ihrer Lebens- und Wohnsituation ab. Sie erhalten den sogenannten Lebensbedarf sowie eine Pauschale für Ihre Wohnkosten (siehe Seite 102). Zusätzlich wird eine Pauschale für die Krankenkassenprämie gewährt; diese wird direkt an Ihre Krankenkasse überwiesen.

> **MARGRITH S. LEBT ZU HAUSE** und muss ihren Lebensunterhalt allein mit einer AHV-Rente finanzieren. Das sind pro Jahr 28 680 Franken (Stand 2021). Die Wohnung von Frau S. kostet jährlich 13 200 Franken inklusive Nebenkosten. Für den

Lebensbedarf stehen ihr laut EL-Berechnung jährlich 19 610 Franken (Stand 2021) zu (siehe Kasten auf Seite 102). Somit fehlen ihr pro Jahr 4130 Franken, die sie als Ergänzungsleistung erhält. Ihre Krankenkassenprämie wird zusätzlich bezahlt.

> **❓ Ich beziehe neben einer IV-Rente Ergänzungsleistungen. Nun habe ich einen grösseren Geldbetrag geerbt. Muss ich die bezogenen Ergänzungsleistungen zurückzahlen?**
>
> Nein, Sie müssen nichts zurückzahlen. Ergänzungsleistungen werden nach dem gleichen Prinzip betrachtet wie Ihre IV-Rente. Wenn Sie einen Anspruch darauf haben, bekommen Sie diese Gelder und müssen sie auch nicht zurückzahlen, wenn Sie später zu Vermögen kommen. Sie werden aber je nach Höhe der Erbschaft ihren Anspruch auf Ergänzungsleistungen verlieren. Nehmen Sie daher Kontakt mit der Ausgleichskasse auf und melden Sie die Erbschaft.

❗ INFO *Abonnenten und Abonnentinnen des Beobachters finden auf Guider die Checkliste «Allgemeiner Lebensbedarf und Mietkosten für die Berechnung der Ergänzungsleistungen»*

Krankheits- und Behinderungskosten

Neben den monatlichen Ergänzungsleistungszahlungen werden Ihnen auch Kosten vergütet, die im Zusammenhang mit einer Krankheit oder einer Behinderung entstehen. Diese Leistungen sind aber limitiert; pro Jahr können Sie maximal folgende Beträge erhalten:

- Alleinstehende: 25 000 Franken
- Verheiratete und eingetragene Partner: 50 000 Franken
- Heimbewohner: 6 000 Franken

ECKWERTE FÜR DIE EL-BERECHNUNG
Leben zu Hause (Zahlen Stand 2021)
- Allgemeiner Lebensbedarf pro Jahr
  - Alleinstehende — 19 610 Franken
  - Ehepaare und Paare in eingetragener Partnerschaft — 29 415 Franken
  - für Kinder über 11 Jahren (die ersten beiden Kinder erhalten den vollen Betrag, für zwei weitere Kinder gibt es je zwei Drittel, für allfällige weitere Kinder je einen Drittel) — 10 260 Franken
  - für Kinder unter 11 Jahren (für jedes weitere Kind reduziert sich der Betrag um einen Sechstel des vorangehenden Betrags bis zum 5. Kind) — 7 200 Franken
- Mietkosten pro Jahr

	Grosszentren	Stadt	Land
1. Person	Fr. 1 370.–	Fr. 1 325.–	Fr. 1 210.–
2 Personen	Fr. 1 620.–	Fr. 1 575.–	Fr. 1 460.–
3 Personen	Fr. 1 800.–	Fr. 1 725.–	Fr. 1 610.–
4 Personen	Fr. 1 960.–	Fr. 1 875.–	Fr. 1 740.–

Die Kantone haben die Möglichkeit, diese Mietzinsmaxima um 10 Prozent zu erhöhen oder zu senken.

Leben im Eigenheim
- Eigenmietwert und Nebenkosten
  - Alleinstehende — max. 13 200 Franken
  - Verheiratete und Familien — max. 15 000 Franken
- Hypothekarzinsen bis zur Höhe des Liegenschaftsertrags

Leben im Heim oder Spital
- Tagestaxe für das Heim oder das Spital (maximal die tatsächlich ausbezahlten Tagestaxen) → Die Kantone können einen Höchsttagessatz festlegen
- Betrag für persönliche Auslagen
- Wird vom Kanton festgelegt

> **TIPP** *Krankheitskosten werden Ihnen auch vergütet, wenn Sie keine monatlichen Ergänzungsleistungen erhalten, weil Ihre Einnahmen etwas zu hoch sind. Wenden Sie sich an die EL-Stelle, wenn eine Arzt- oder Spitalrechnung Ihr Budget in Schieflage bringt.*

EL zurückzahlen?

Rechtsmässig bezogene Ergänzungsleistungen müssen von der Person selber nicht zurückbezahlt werden. Anders sieht es natürlich mit unrechtmässig bezogenen EL aus. Diese müssen immer zurückbezahlt werden. Deshalb ist es wichtig, wenn man der Ausgleichskasse umgehend meldet, wenn man beispielsweise eine Erbschaft erhält oder wenn sich sonst etwas ändert. Neu müssen aber die Erben EL zurückbezahlen, sofern im Nachlass über 40 000 Franken sind. Bei Ehepaaren erfolgt die Rückerstattung erst beim Tod des zweiten Partners.

3

Der Anspruch auf Sozialhilfe

Wann leistet der Sozialdienst Unterstützung?

In der Schweiz soll es niemandem am Notwendigen fehlen. Jeder und jede soll genug zu essen und zu trinken, Kleidung und Schuhe, ein Dach über dem Kopf sowie Zugang zu medizinischer Versorgung haben. Dies für die Menschen in der Schweiz zu gewährleisten, ist die Aufgabe der Sozialhilfe.

Als letztes soziales Auffangnetz stellt die Sozialhilfe die Existenz sicher. Man kann sie beantragen, wenn die eigenen finanziellen Mittel eine bestimmte Grenze unterschreiten (mehr zu diesen Grenzen lesen Sie auf Seite 109).

Das Subsidiaritätsprinzip

Sozialhilfe ist subsidiär, das heisst: Sie kommt erst dann zum Tragen, wenn alle anderen Stricke gerissen sind, wenn man sich nicht selber helfen kann und wenn auch sonst niemand Unterstützung bietet. Wer einen Anspruch auf Leistungen Dritter hat – zum Beispiel auf Lohn, Arbeitslosengeld, AHV- oder IV-Rente, aber auch auf Alimente oder Stipendien –, muss diese beantragen. Man kann nicht wählen zwischen Geldern der Sozialhilfe und Leistungen von Dritten. Und natürlich muss man zuerst das eigene Vermögen aufbrauchen.

◆ **FRED T.** ist nach langer Arbeitslosigkeit ausgesteuert worden. Nun möchte er Sozialhilfe beantragen. Doch der Sozialdienst winkt ab. Vor einem halben Jahr ist Herrn T.s Mutter gestorben und

UNTERSTES AUFFANGNETZ
Sozialhilfe erhält nur, wer kein Vermögen hat, seinen Lebensunterhalt nicht selber finanzieren kann und auch keine Leistungen staatlicher oder privater Institutionen in Anspruch nehmen kann.

hat ihm 90 000 Franken hinterlassen. Mit dieser Erbschaft kann er seinen Lebensunterhalt auch ohne Einkommen selber finanzieren. Erst wenn Fred T. sein Vermögen bis auf den gesetzlich definierten Freibetrag aufgebraucht hat, kann er Sozialhilfe in Anspruch nehmen.
LINDA G. ist geschieden. Schon seit Längerem hat ihr Exmann die Alimente für ihre beiden Kinder nicht mehr bezahlt. Der Vater kümmert sich aber liebevoll um die Kinder, und auch das Verhältnis zwischen Frau G. und ihm ist gut. Das möchte sie nicht gefährden. Trotzdem verlangt der Sozialdienst, dass sie die ausstehenden Alimente eintreibt.

> **?** **Mir wurde gekündigt, und trotz vieler Bewerbungen habe ich bis jetzt keine neue Stelle gefunden. Vor längerer Zeit habe ich beim regionalen Arbeitsvermittlungszentrum gearbeitet und kenne alle Mitarbeitenden. Ich schäme mich, mich dort anzumelden. Kann ich stattdessen Sozialhilfe beantragen?**
>
> Nein, das können Sie nicht. Die Sozialhilfe leistet subsidiäre Unterstützung. Das bedeutet, dass Sie sie erst dann in Anspruch nehmen können, wenn keine andere private oder staatliche Organisation Sie unterstützen muss. Sie haben jedoch Anspruch auf Arbeitslosengeld. Dieses Geld werden Sie beantragen müssen, um Ihren Lebensunterhalt zu bestreiten.

Sozialhilfegelder sind keine Almosen

Niemand braucht sich zu schämen, Sozialhilfe zu beantragen. Diese Leistungen sind keine Almosen. Wer weder Vermögen noch Geld für das Nötigste hat, hat Anspruch auf finanzielle Unterstützung durch die Sozialhilfe. Dies regelt die Schweizerische Bundesverfassung.

INFO *Wenn Sie die Voraussetzungen für den Anspruch auf Sozialhilfe erfüllen, muss Sie der Sozialdienst unterstützen – und zwar völlig unabhängig vom Grund, aus dem Sie in die Notlage geraten sind. Allerdings wird in einigen Kantonen die Sozialhilfe gekürzt, wenn man selbstverschuldet in Armut gerät.*

Mein Nachbar bezieht Sozialhilfe. Mich regt auf, dass der Geld bekommt. Der ist doch bloss zu faul zum Arbeiten!

Die Gründe, warum jemand Sozialhilfe bezieht, sind sehr unterschiedlich. Aber alle Menschen, die Sozialhilfe erhalten, befinden sich in einer finanziellen Notlage. Das kontrollieren die Behörden sehr genau. Der Gang zum Sozialdienst ist für viele nicht einfach. Einigen wurde die IV-Rente gekürzt oder ganz gestrichen. Andere haben die Stelle verloren und während mehr als zwei Jahren keine neue Arbeit gefunden, sodass sie bei der Arbeitslosenkasse ausgesteuert sind. Das Gefühl, dass niemand sie will, ist für diese Menschen sehr erniedrigend. Von der Gesellschaft auch noch als arbeitsfaul abgestempelt zu werden, ist dann fast unerträglich.

Artikel 12 Bundesverfassung
«Wer in Not gerät und nicht in der Lage ist, für sich zu sorgen, hat Anspruch auf Hilfe und Betreuung und auf die Mittel, die für ein menschenwürdiges Dasein unerlässlich sind.»

Artikel 12 der Schweizerischen Bundesverfassung stellt das Recht auf Hilfe in Notlagen sicher. Er ist der einzige Artikel im Zusammenhang mit der Sozialhilfe, der in der ganzen Schweiz gültig ist. Die Ausgestaltung der Sozialhilfe dürfen die Kantone selber regeln. Deshalb gibt es in der Schweiz für jeden Kanton ein eigenes Sozialhilfegesetz, aber kein Bundesgesetz über Sozialhilfe.

> **INFO** *Was genau an Ihrem Wohnort gilt, ist in der Gesetzgebung Ihres Kantons festgelegt. Sie werden deshalb auf den folgenden Seiten immer wieder auf die kantonalen Gesetze und Verordnungen verwiesen. Die Links dazu finden Sie im Anhang.*

Kein oder zu wenig Einkommen: Unterstützung von der Sozialhilfe

Wenn Sie kein Einkommen haben – und weder Vermögen besitzen, das über dem Freibetrag liegt, noch Gelder von Dritten erhalten –, können Sie Sozialhilfeleistungen beantragen. In diesem Fall berechnet der Sozialdienst Ihr individuelles Existenzminimum (siehe unten) und bezahlt Ihnen den gesamten berechneten Betrag.

Wie hoch ist das Existenzminimum?

Es gibt kein fixes Existenzminimum. Für jede Person, die Sozialhilfe bezieht, wird berechnet, wie hoch ihr persönliches Existenzminimum ist. Man spricht daher vom individuellen Existenzminimum.

THOMAS G. IST SCHON LANGE ARBEITSLOS und wird in einem Monat ausgesteuert. Da auch sein Vermögen unter dem gesetzlichen Freibetrag liegt, kann er sich beim Sozialdienst anmelden. Dieser wird berechnen, wie viel Geld Herr G. braucht, um den Lebensunterhalt zu bestreiten, und ihm diesen Betrag auszahlen.

Manchmal reicht das Geld trotz Arbeitsstelle und Lohn nicht aus, um den Lebensunterhalt zu bestreiten. Befinden Sie sich in dieser Situation? Dann können Sie ergänzend zu Ihrem Einkommen Sozialhilfe beantragen. Der Sozialdienst rechnet aus, wie hoch Ihr individuelles Existenzminimum ist und welcher Betrag Ihnen fehlt, um dieses zu erreichen. Dieser Betrag wird Ihnen als ergänzende Sozialhilfe ausgezahlt.

◆ **MIT SEINEM LOHN VON 4000 FRANKEN** kann Marco S. den Lebensbedarf seiner fünfköpfigen Familie nicht bezahlen, er muss sich beim Sozialdienst anmelden. Der zuständige Sozialarbeiter rechnet aus, wie viel Geld Familie S. benötigt, um den Lebensbedarf zu decken. Die Differenz zwischen Lohn und Bedarf bezahlt der Sozialdienst.

Einnahmen
- Lohn   Fr. 4000.–

Ausgaben
- Grundbedarf   Fr. 2386.–
- Krankenkassenprämien   Fr. 900.–
- Miete   Fr. 1650.–

Total Ausgaben   Fr. 4936.–
Differenz, durch Sozialhilfe bezahlt   Fr. 936.–

Die Vermögensfreibeträge
Wer Vermögen hat, erhält keine Sozialhilfe. Ihr Vermögen muss in der Regel bis zu folgendem Freibetrag aufgebraucht sein, damit Sie Sozialhilfe beantragen können:
- Für eine Einzelperson: 4000 Franken
- Für Ehepaare: 8000 Franken
- Zusätzlich für jedes minderjährige Kind: 2000 Franken
- Maximalbetrag für eine Familie: 10 000 Franken

Aber Vorsicht, diese Freibeträge gelten nicht in der ganzen Schweiz. Es gibt Kantone, die tiefere Vermögensfreigrenzen kennen oder auch gar keine vorsehen. Welcher Freibetrag für Sie gilt, können Sie in der Sozialhilfeverordnung Ihres Kantons nachlesen (Link im Anhang).

WORKING POOR – ARM TROTZ ERWERBSTÄTIGKEIT

Manchmal schützt auch Erwerbstätigkeit nicht vor Armut. Wer erwerbstätig ist, mit seinem Lohn aber trotzdem kaum das Nötigste bezahlen kann, wird als Working Poor bezeichnet. In der Schweiz sind immer mehr Menschen von dieser Art von Armut betroffen. Personen ohne Berufsausbildung, Alleinlebende und Alleinerziehende sind besonders gefährdet. Im Jahr 2019 galten rund 155 000 Personen zwischen 20 und 59 Jahren als Working Poor. Das entspricht einer Quote von 4,2 Prozent aller Erwerbstätigen. Da sie häufig in Mehrpersonenhaushalten leben, sind aber viel mehr Menschen von dieser Form der Armut betroffen, darunter auch viele Kinder.

Selbstverschuldet arm geworden?

Auch wer selbstverschuldet in die Armut abgerutscht ist, hat Anspruch auf Sozialhilfe. Gewisse Kantone kürzen bei selbstverschuldeter Bedürftigkeit die Sozialhilfegelder. Ob in Ihrem Kanton eine solche Regelung besteht, können Sie in dessen Sozialhilfeverordnung nachlesen (Links zu diesen Verordnungen im Anhang).

Was aber gilt als Selbstverschulden? Ein klassisches Beispiel ist verschenktes Vermögen – etwa wenn Eltern ihren Kindern grosszügige Erbvorbezüge gewähren. Mehr zu diesem Thema lesen Sie auf Seite 97.

> **TIPP** *Manchmal hat man trotz knappem Budget keinen Anspruch auf Sozialhilfe. Warum? Weil man vermutlich knapp über dem Existenzminimum lebt. In einer solchen Situation*

können Hilfswerke oder Stiftungen Unterstützung leisten, vor allem wenn wichtige Anschaffungen nötig werden, für die das Geld nicht ausreicht. Mehr dazu lesen Sie im Kapitel 1 (Seite 23); dort finden Sie auch zahlreiche Hinweise für das Leben mit wenig Geld.

Die Anmeldung für Sozialhilfe

Wenn das Geld nicht mehr für das Nötigste ausreicht und das Konto sich langsam, aber sicher leert, können Sie Sozialhilfe beantragen. Aber wie macht man das? Wo meldet man sich an?

Für die Sozialhilfe ist die Wohngemeinde zuständig. Sie überprüft den Anspruch und zahlt die Leistungen aus. Vor allem grössere Gemeinden haben dafür spezialisierte Dienste – die Bezeichnungen sind unterschiedlich: Sozialamt, Soziale Dienste, Sozialdienst… In einer kleinen Gemeinde muss man seinen Anspruch unter Umständen direkt auf der Gemeindekanzlei geltend machen. Dieser Ratgeber spricht vom Sozialdienst, auch wenn der Dienst in Ihrer Wohngemeinde eventuell anders heisst.

TIPP *Auf der Website Ihrer Gemeinde erfahren Sie, wohin Sie sich wenden müssen, um die Anmeldung für Sozialhilfe einzureichen. Natürlich können Sie sich auch am Schalter der Gemeindekanzlei persönlich informieren und beraten lassen.*

Was macht ein Sozialdienst?

Die Mitarbeitenden eines Sozialdienstes berechnen, ob Sie Anspruch auf Sozialhilfe haben und leiten die Auszahlung dieser Gelder in die Wege. Sie führen die nötigen Abklärungen durch und stellen einen Antrag an die Sozialbehörde, damit die berechneten Gelder ausgezahlt werden können. Die Sozialdienste sind aber auch dazu da, Sie rund um das Thema Soziales zu beraten, zum Beispiel zu Ihrem Budget. Um sich beraten zu lassen, müssen Sie keine Sozialhilfe beziehen. Allerdings wird dieser Teil der Arbeit in vielen Sozialdiensten vernachlässigt. Oft sind die Mitarbeitenden so sehr ausgelastet mit der Betreuung von sozialhilfebeziehenden Personen und mit den Abklärungen, dass für Beratungen fast keine Zeit bleibt.

STECKBRIEF VON GUTEN SOZIALARBEITENDEN
- Sie sind belastbar und nicht so schnell aus der Ruhe zu bringen.
- Sie sind einfühlsam. Sie können verstehen, dass der Gang zum Sozialdienst nicht einfach ist, und zeigen Verständnis für die Situation ihrer Klienten.
- Sie setzen sich für die Rechte ihrer Klienten ein und beziehen diese in ihre Arbeit ein. Gute Sozialarbeitende entscheiden nicht über den Kopf ihrer Klienten hinweg.
- Sie achten den Datenschutz und gehen daher sorgfältig mit den Personendaten um.
- Sie nehmen sich Zeit für ihre Klienten und versuchen ernsthaft, sie zu verstehen.
- Sie bieten Hilfe zur Selbsthilfe, indem sie die Sozialhilfebeziehenden darin unterstützen, ihr Leben wieder selbständig zu meistern.

Sozialdienst und Sozialbehörde – der Unterschied

Der Sozialdienst und die Sozialbehörde sind für unterschiedliche Aufgaben zuständig. Der Sozialdienst überprüft den Anspruch auf Sozialhilfe und stellt ein Sozialhilfebudget zusammen. Eine Mitarbeitende des Sozialdienstes ist für Sie zuständig, betreut Ihr Dossier und ist Ihre Ansprechperson. Sie darf jedoch nicht selber entscheiden, ob und wie viel Sozialhilfe Sie bekommen, dies liegt nicht in ihrer Kompetenz. Das entscheidet die zuständige Sozialbehörde. Entscheide werden von den Behörden gefällt, die sich ihrerseits an die gesetzlichen Grundlagen halten müssen.

Der richtige Zeitpunkt für die Anmeldung

Die Abklärungen und Überprüfungen des Sozialdienstes können bis zu einem Monat dauern. In dieser Zeit erhalten Sie noch kein Geld. Sobald absehbar ist, dass das Geld nicht mehr ausreicht, um das Nötigste zu bezahlen, ist der Zeitpunkt gekommen, ein Gesuch um Unterstützung einzureichen. Sinnvoll ist eine Anmeldung beim Sozialdienst, wenn Sie:

- den Lebensunterhalt (Miete, Lebensmittel, Kleidung und Schuhe, Krankenkasse) nicht mehr bezahlen können,
- keine Leistungen von Dritten (Lohn, Arbeitslosengeld, AHV- oder IV-Rente, Alimente, Stipendien) beantragen können und
- Ihr Vermögen bis auf den gesetzlich festgelegten Freibetrag aufgebraucht haben.

Warten Sie nicht zu lange mit der Anmeldung. Der Sozialdienst muss abklären, ob Sie tatsächlich Anspruch auf Sozialhilfe haben, und das Gesuch von der zuständigen Behörde genehmigen lassen. Das kann bis zu einem Monat dauern. Zudem wird Sozialhilfe nicht rückwirkend ausgezahlt.

◉ **VOR VIER MONATEN** ist der Lebenspartner von Monika R. ausgezogen und hat sie mit der dreijährigen Sina allein gelassen. Frau R. ist nicht berufstätig, sie kümmert sich um ihre kleine Tochter. Die einzige Einnahmequelle sind 500 Franken Alimente, die der Vater für die Tochter bezahlt. In den letzten Monaten haben Kollegen ihr immer wieder Geld ausgeliehen, damit sie das Nötigste bezahlen konnte. Nun sind die Kollegen nicht mehr dazu bereit. Monika R. hat sich beim Sozialdienst angemeldet und erhält bald finanzielle Unterstützung. Sie erfährt, dass sie auch in den vergangenen vier Monaten Anrecht auf Sozialhilfe gehabt hätte. Der Sozialdienst leistet jedoch keine rückwirkende Unterstützung und übernimmt auch keine Schulden. Die Kollegen von Monika müssen sich also gedulden, bis sie ihr Geld zurückerhalten.

Dokumente, die Sie vorlegen müssen

Um Ihren Anspruch auf Sozialhilfe zu überprüfen, müssen die Mitarbeitenden im Sozialdienst Einblick in alle wichtigen Unterlagen zu Ihren Finanzen bekommen. Ihrer Anmeldung müssen Sie deshalb folgende Dokumente beilegen:

- alle Bankauszüge
- den aktuellen Mietvertrag
- allfällige Lohnausweise
- Rentenbelege
- die letzte Steuererklärung
- falls vorhanden, die Trennungsvereinbarung oder das Scheidungsurteil

❗ **TIPP** *Je schneller der Sozialdienst alle Unterlagen von Ihnen hat, umso schneller erhalten Sie Geld, wenn Sie tatsächlich Anspruch auf Sozialhilfe haben. Sie helfen sich also selber, wenn Sie sich bemühen, alle Unterlagen einzureichen.*

Wenn die Unterstützung verweigert wird

Die Gründe, warum ein Sozialdienst die Unterstützung verweigert, können sehr unterschiedlich sein. Zum Beispiel wenn jemand sich für Sozialhilfe anmeldet, aber keinerlei Unterlagen einreicht. Dann kann der Sozialdienst nicht überprüfen, ob ein Anspruch auf Sozialhilfe besteht, und verweigert deshalb die Unterstützung. Vielleicht hat jemand aber auch zu viel Vermögen, oder eine Sozialversicherung, beispielsweise die Arbeitslosenkasse, ist zuständig.

Möglicherweise verweigert der Sozialdienst die Unterstützung, weil Sie zu viel verdienen und deshalb keinen Anspruch auf Sozialhilfe haben. Reicht Ihr Geld trotzdem vorn und hinten nicht? Dann lassen Sie sich von einer Budgetberatungsstelle beraten. Weitere Informationen dazu sowie Adressen von Beratungsstellen in Ihrer Nähe finden Sie auf Seite 38.

Beschwerdemöglichkeiten
Nicht immer verweigert ein Sozialdienst die Unterstützung zu Recht. Damit Sie sich in diesem Fall wehren können, müssen Sie als Erstes eine beschwerdefähige Verfügung verlangen. Gegen eine mündliche Auskunft können Sie sich nicht wehren! Und auch auf einen formlosen Brief können Sie keine Beschwerde einreichen. Verweigert ein Sozialdienst das Ausstellen einer beschwerdefähigen Verfügung, bleibt als nächster Schritt die Möglichkeit einer Aufsichtsbeschwerde. Mehr zum Thema Beschwerden lesen Sie ab Seite 193.

Wer hat Anspruch auf Sozialhilfe?

Grundsätzlich gilt: Anspruch auf Sozialhilfe hat, wer seinen Lebensunterhalt nicht oder nur zum Teil selber bestreiten kann, kein Vermögen besitzt und keinen Anspruch auf Gelder von Dritten hat.

Doch nicht alle Personen, die in der Schweiz wohnen, erhalten gleich viel Sozialhilfe. Je nach Aufenthaltsstatus haben Ausländer nur einen Anspruch auf Nothilfe oder gar keinen Anspruch auf Gelder der Sozialhilfe.

Braucht man einen Schweizer Pass?

Personen mit ausländischem Pass, die in der Schweiz wohnen, haben nicht unbedingt Anspruch auf Sozialhilfe, wenn sie sich in einer Notlage befinden. Oft hört man den Vorwurf, dass Ausländer mehr Geld erhalten als Schweizer. In der Sozialhilfe stimmt das nicht. Ausländer erhalten nie mehr Geld als Schweizer, oft aber deutlich weniger. Asylsuchende und vorläufig aufgenommene Personen erhalten in den meisten Kantonen keine ordentliche Sozialhilfe, sondern eine spezielle, viel tiefer angesetzte Asyl-Sozialhilfe. Oder gar lediglich Nothilfe, die oft nur in Form von Naturalleistungen erbracht wird. Das kann zum Beispiel bedeuten, dass jemand in einer Kollektivunterkunft leben und essen muss und gar kein Geld ausbezahlt bekommt. Was genau die Nothilfe umfasst, ist kantonal unterschiedlich geregelt.

ÜBERBLICK: SOZIALHILFEANGEBOT FÜR AUSLÄNDERINNEN UND AUSLÄNDER

Asylsuchende (Ausweis N)	Vorläufig aufgenommene Ausländer und Ausländerinnen (Ausweis F)
■ Sozialhilfeleistungen nach jeweiligem kantonalem Recht, der Ansatz muss tiefer sein als derjenige der einheimischen Bevölkerung ■ wird meistens in Form von Sachleistungen ausbezahlt ■ dürfen in der Schweiz nicht arbeiten	■ Sozialhilfeleistungen nach dem jeweiligen kantonalen Recht, der Ansatz muss tiefer sein als derjenige der einheimischen Bevölkerung ■ wird oft in Form von Sachleistungen ausbezahlt ■ dürfen in der Schweiz arbeiten

SOZIALHILFE FÜR PERSONEN AUS DER EU/ EFTA

Kurzaufenthaltsbewilligung zur Stellensuche (Ausweis L)	Grenzgängerbewilligung (Ausweis G)
■ kein Anspruch auf ordentliche Sozialhilfe ■ lediglich Anspruch auf Nothilfe ■ Bewilligungen werden entzogen, wenn Sozialhilfe beantragt wird.	■ kein Anspruch auf ordentliche Sozialhilfe ■ lediglich Anspruch auf Nothilfe

SOZIALHILFE FÜR PERSONEN AUS DRITTSTAATEN

Personen ohne Aufenthaltsbewilligung	Befristete Aufenthaltsbewilligung zwecks Erwerbstätigkeit L
■ kein Anspruch auf Sozialhilfe ■ lediglich Anspruch auf Nothilfe	■ Kantonale Sozialhilfegesetze können diese Personen vom Sozialhilfebezug ausschliessen. ■ Dann besteht lediglich Anspruch auf Nothilfe.

Anerkannte Flüchtlinge (Ausweis B)	Personen, die einen rechtskräftigen Ausweisungsentscheid mit Ausreisefrist erhalten haben
■ erhalten gleich viel Sozialhilfe wie die einheimische Bevölkerung ■ Die Sozialhilfe wird in Form von Geld ausbezahlt. ■ Der Bund beteiligt sich in der Regel während der ersten fünf Jahre an den Sozialhilfekosten. ■ dürfen in der Schweiz arbeiten	■ Sie haben keinen Anspruch auf Sozialhilfe. ■ Sie erhalten lediglich Nothilfe. ■ Die Nothilfe wird in der Regel in Form von Sachleistungen ausbezahlt. ■ Die Leistungen sind tiefer als für Personen mit Ausweis N. ■ dürfen in der Schweiz nicht arbeiten

Aufenthalt ohne Erwerbstätigkeit (Ausweise B und L)	Aufenthalt zwecks Erwerbstätigkeit (Ausweise B und L)
■ Anspruch auf ordentliche Sozialhilfe gemäss kantonalen Richtlinien ■ Aufenthaltsbewilligung kann bei Sozialhilfebezug entzogen werden.	■ in der Regel Anspruch auf Sozialhilfe, solange ein Arbeitsverhältnis besteht ■ wenn kein Anspruch auf Sozialhilfe, besteht ein Anspruch auf Nothilfe

Personen mit Aufenthaltsbewilligung B	Personen mit Niederlassungsbewilligung C
■ Anspruch auf ordentliche Sozialhilfe ■ Aufenthaltsbewilligung kann jedoch bei langfristigem Sozialhilfebezug widerrufen werden.	■ Anspruch auf ordentliche Sozialhilfe ■ Bei langfristigem Soziahilfebezug kann Niederlassungsbewilligung zurückgestuft werden zu Aufenthaltsbewilligung. ■ nach Widerruf der Niederlassungsbewilligung lediglich Anspruch auf Nothilfe

Sozialhilfe für Asylsuchende, vorläufig Aufgenommene und Flüchtlinge

Die Sozialhilfekosten für Asylsuchende, anerkannte Flüchtlinge und vorläufig Aufgenommene bezahlt der Bund während einer gewissen Dauer. Die Globalpauschalen des Bundes enthalten auch einen Beitrag an die Betreuungskosten. Wie viel und wie lange der Bund bezahlt, ist abhängig vom Aufenthaltsstatus.

Sozialhilfe für Schweizer und Schweizerinnen im Ausland

Auch Schweizer und Schweizerinnen, die im Ausland ihren Wohnsitz haben oder sich seit mehr als drei Monaten dort aufhalten, haben Anspruch auf Hilfe in Notlagen. Die Voraussetzungen für den Bezug von Sozialhilfegeldern sind dieselben wie für Personen, die in der

> **?** Vor zwei Jahren bin ich nach Thailand gezogen und wollte mir dort eine neue Existenz aufbauen. Ich habe ein kleines Restaurant eröffnet und eine Frau kennengelernt. Jetzt stehe ich vor einem Scherbenhaufen: Das Restaurant ist pleite, meine Freundin hat mich verlassen und die restlichen Ersparnisse mitgenommen. Was mache ich nun?
>
> Wenden Sie sich an die Schweizer Vertretung in Bangkok. Sie können dort Sozialhilfe beantragen. Gemeinsam mit Ihnen wird entschieden, ob Sie in Thailand unterstützt werden oder ob eine Heimkehr in die Schweiz sinnvoller ist. Da Sie erst seit zwei Jahren in Thailand leben, werden Sie vermutlich in die Schweiz zurückkehren müssen.

Schweiz wohnen. Anspruch auf diese Unterstützung hat nur, wer sich selber nicht helfen kann und keine Unterstützung durch das Aufenthaltsland erhält – das Subsidiaritätsprinzip (siehe Seite 106) gilt auch hier. Die Sozialhilfe soll es Auslandschweizern und Auslandschweizerinnen ermöglichen:
- eine menschenwürdige Existenz zu führen.
- am Sozialleben im Aufenthaltsland teilzunehmen.
- die wirtschaftliche Selbständigkeit zu bewahren oder wiederzuerlangen.
- in die Schweiz heimzukehren, wenn eine Rückkehr erwünscht oder sinnvoller ist als ein Verbleib in dem Aufenthaltsland.

Die Berechnung des Existenzminimums richtet sich nach den Massstäben des Aufenthaltslands. Je nach Lebensstandard dieses Landes fällt das Existenzminimum daher wesentlich geringer aus als in der Schweiz.

INFO *Auf der Website des Eidgenössischen Departements für auswärtige Angelegenheiten (www.eda.admin.ch) finden Sie sowohl das Gesetz und die Verordnung als auch die Richtlinien zur Sozialhilfe für Auslandschweizer und Auslandschweizerinnen.*

Hilfe für Schweizer Touristen im Ausland

Auch Personen, die sich kürzer als drei Monate im Ausland aufhalten, haben Anspruch auf Unterstützung in Notlagen. Sie erhalten Hilfe für die Heimreise sowie Geld, um die Zeit bis dahin zu überbrücken und beispielsweise Spital- und Arztkosten zu bezahlen. Zugang zu dieser Unterstützung erhält man bei der Schweizer Vertretung im Aufenthaltsland oder über die Helpline des Eidgenössischen Departements für auswärtige Angelegenheiten (EDA).

INFO Die Helpline des Eidgenössischen Departements für auswärtige Angelegenheiten (EDA) in Bern ist die zentrale Anlaufstelle für konsularische Fragen und Dienste. Sie ist während 365 Tagen rund um die Uhr erreichbar über folgende Kanäle:
– Telefon: +41 (0)800 24 73 65
– Fax: +41 (0)58 462 78 66
– E-Mail: helpline@eda.admin.ch
– Skype: helpline-eda

4

Sozialhilfe beziehen

Die Sozialhilfe ist kantonal geregelt

In der Schweiz sind die Kantone zuständig für die Ausgestaltung der Sozialhilfe. Jeder Kanton hat ein eigenes Sozialhilfegesetz, viele zusätzlich eine eigene Sozialhilfeverordnung, einige ein detailliertes Sozialhilfehandbuch. Diese Gesetze unterscheiden sich in gewissen Punkten stark. Einige Kantone delegieren zudem die Sozialhilfe an die Gemeinden und Städte und geben diesen einen grossen Handlungsspielraum.

Eine wichtige Rolle für die Sozialhilfe in der Schweiz spielt neben den Kantonen die Schweizerische Konferenz für Sozialhilfe, die Skos. Die Mitglieder dieses Fachverbands können sich direkt in die Diskussion und die Ausgestaltung der Sozialhilfe einbringen. Mitglieder der Skos sind alle Kantone, ein Grossteil der Schweizer Gemeinden und Städte, rund 150 Organisationen der privaten Sozialhilfe sowie diejenigen Bundesämter, die sich mit der sozialen Sicherheit beschäftigen. Der Vorstand der Skos, der sich aus rund 50 Mitgliedern zusammensetzt, ist zuständig für die Ausgestaltung der Skos-Richtlinien, verabschiedet werden die Richtlinien von der Schweizerischen Konferenz der Kantonalen Sozialdirektorinnen und Sozialdirektoren SODK.

Skos-Richtlinien als Leitplanken

In den Skos-Richtlinien sind die Grundsätze für die Ausgestaltung der Sozialhilfe festgehalten. Wie der Name bereits sagt: Es handelt sich um Richtlinien, nicht um Gesetze. In vielen Kantonen sind diese Richtlinien nicht verbindlich, sondern bilden lediglich eine Orientierungsgrundlage. Wenn Sie sicher wissen möchten, wie die Sozialhilfe in Ihrem Kanton geregelt ist, müssen Sie daher das Sozialhilfegesetz und die Sozialhilfeverordnung Ihres Kantons konsultieren. Die Links zu diesen Gesetzen und Verordnungen finden Sie im Anhang.

> **?** Ich habe in den Skos-Richtlinien gelesen, dass der Vermögensfreibetrag bei 4000 Franken liegt. Da ich unter diesen Betrag gefallen bin, habe ich mich beim Sozialdienst angemeldet. Dort hat man mir gesagt, dass in unserem Kanton ein Vermögensfreibetrag von 1500 Franken gilt und ich erst Anrecht auf Sozialhilfe habe, wenn ich mein Vermögen so weit aufgebraucht habe. Ist das tatsächlich so?
>
> Ja, das ist tatsächlich so. Die Skos-Richtlinien stellen kein eigentliches Gesetz dar, sondern sind nur Richtlinien. Jeder Kanton kann die Höhe des Vermögensfreibetrags selber bestimmen. Die Sozialhilfeverordnung Ihres Wohnkantons regelt diese Fragen. Sie finden den Link zu dieser Verordnung im Anhang.

Kantönligeist: grosse Unterschiede

Die Kantone können in ihren Sozialhilfegesetzen, Sozialhilfeverordnungen und Handbüchern die rechtliche Ausgestaltung der Sozialhilfe verbindlich regeln. Unterschiede gibt es zum Beispiel bei der Vermögensfreigrenze, beim Grundbedarf, bei der Gewährung von Integrationszulagen, bei der Rückerstattung und bei der Verjährungsfrist.

Kritik am Kantönligeist
Die Schweiz ist eines der wenigen Länder in Europa, die kein nationales Sozialhilfegesetz kennen. Die meisten anderen haben die Sozialhilfe auf Staatsebene geregelt. In diesen Ländern gelten für alle Menschen, die Sozialhilfe beziehen, die gleichen Rechte und Pflichten, und zwar unabhängig vom Wohnort.

In der Schweiz liegt die Ausgestaltung der Sozialhilfe in der Kompetenz der Kantone und der Gemeinden, die die Leistungen auch bezahlen müssen. Die Kantone haben ihren Gestaltungsfreiraum genutzt, die Gesetze unterscheiden sich teilweise deutlich. Wie viel Geld die Sozialhilfe auszahlt, hängt also davon ab, in welchem Kanton und in welcher Gemeinde jemand wohnt. Dieses System treibt einen gefährlichen Mechanismus an. Leben in einer Gemeinde viele Menschen, die Sozialhilfe beziehen, bedeutet das eine grosse finanzielle Belastung. Dann ist die Versuchung gross, Gesuche abzuwimmeln oder sozialhilfebeziehende Personen in eine andere Gemeinde abzuschieben. Schliesslich muss das Budget – also auch die Kosten für die Sozialhilfe – von der Gemeindeversammlung oder vom Parlament abgenommen werden, und die Behördenmitglieder möchten wiedergewählt werden.

Aber nicht nur der Betrag, den eine mittellose Person zur Verfügung haben soll, ist von Gemeinde zu Gemeinde unterschiedlich. Auch die Frage, wie einfach sich jemand aus der Armutsspirale lösen kann, hängt vom Wohnort ab. Je nach Kanton sind Sozialhilfebezüger, die wieder etwas Geld zur Verfügung haben, mit unterschiedlichen Rückforderungen konfrontiert. In einigen wenigen Kantonen wird das Geld nur bei aussergewöhnlichem Einkommen zurückgefordert, zum Beispiel bei einer Erbschaft oder einem Lottogewinn. Viele Kantone stellen Rückforderungen aber schon, wenn jemand später wieder etwas mehr als das allernötigste Einkommen verdient. Und während in einigen Kantonen die Rückforderung nach zehn Jahren verjährt ist, verjährt sie in anderen erst nach 20 Jahren.

Ihre Rechte und Pflichten, wenn Sie Sozialhilfe beziehen

Auf die Gelder der Sozialhilfe haben Sie – wenn alle Bedingungen erfüllt sind – einen Anspruch. Das bedeutet jedoch nicht, dass Sie sich gemütlich zurücklehnen dürfen und nichts tun müssen. Sie haben einige Pflichten zu erfüllen.

Doch auch wenn Sie sich von der Gemeinde unterstützen lassen müssen, brauchen Sie sich keine Willkür gefallen zu lassen. Wer Sozialhilfe bezieht, hat neben den Pflichten auch Rechte.

Rechtliches Gehör und mehr: Ihre Rechte

Ein Sozialdienst und eine Sozialbehörde dürfen nicht einfach tun und lassen, was sie möchten. Sie müssen sich an die kantonalen Sozialhilfegesetze und die Sozialhilfeverordnungen halten; diese sind verbindlich. Wenn Sie Sozialhilfe beziehen, können Sie auf der Einhaltung dieser Gesetze und Verordnungen bestehen. Daneben haben Sie noch weitere Rechte (siehe Kasten auf der nächsten Seite).

> **TIPP** *Nehmen Sie Ihre Rechte unbedingt wahr. Helfen Sie bei den Abklärungen und erklären Sie, warum Sie in die Notlage geraten sind. Sehen Sie die Sozialarbeitenden nicht als Ihre Gegner, sondern als Unterstützende. Wenn Sie sich aktiv beteiligen und bei den Abklärungen mithelfen, kann die Sozialbehörde schneller entscheiden, ob Sie Anspruch auf Sozialhilfe haben. Und Sie erhalten schneller das benötigte Geld.*

DIE RECHTE VON SOZIALHILFEBEZIEHENDEN

- **Rechts- und Handlungsfähigkeit:** Weder die Rechts- noch die Handlungsfähigkeit wird eingeschränkt, wenn jemand Sozialhilfe bezieht. Sie können also nach wie vor abstimmen und wählen, Verträge abschliessen, ein Testament verfassen und haben die elterliche Sorge für Ihr Kind.
- **Verbot der Rechtsverweigerung und Rechtsverzögerung:** Sozialdienste und Sozialbehörden dürfen einen Entscheid nicht ausdrücklich und grundlos verweigern. Ebenso wenig dürfen sie die Behandlung eines Gesuchs unnötig lang hinauszögern.
- **Rechtliches Gehör:** Das rechtliche Gehör ist ein Grundsatz aus dem alten Römischen Recht: «Audiatur et altera pars», auf Deutsch: Man höre auch die andere Seite. Bevor eine Sozialbehörde einen Entscheid fällt, muss man Sie anhören. Eine Sozialarbeiterin des Sozialdienstes (in Einzelfällen auch ein Behördenmitglied) muss mit Ihnen ein Gespräch führen, bevor irgendetwas entschieden werden kann. Zum rechtlichen Gehör gehören zudem folgende drei Aspekte:
  - Mitwirkungsrecht: Sie haben das Recht, sich an den Abklärungen zu beteiligen.
  - Akteneinsichtsrecht: Sie haben das Recht, umfassend über Ihren Anspruch informiert zu werden, und dürfen Einsicht in die Akten und Unterlagen verlangen.
  - Behördliche Begründungspflicht: Die Sozialbehörde muss Ihnen gegenüber ihre Entscheide stets begründen.

Das Recht auf eine schriftliche Verfügung

Sozialbehörden sollten ihre Entscheide als schriftliche und begründete Verfügung zustellen. Dies wird aber nicht in allen Gemeinden gemacht; nicht selten teilt einem die Sozialarbeiterin bloss im Gespräch mit, dass man keinen Anspruch auf Sozialhilfe habe. Sie können jedoch jeden Entscheid in Form einer Verfügung verlangen – und sollten das auch tun. Was alles in einer Verfügung stehen muss und welche Vorteile sie Ihnen bietet, lesen Sie auf Seite 198.

> **?** Seit mehr als einem Jahr beziehe ich Sozialhilfe. Irgendjemand hat beim Sozialdienst behauptet, dass ich schwarzarbeite. Jetzt werde ich auf Herz und Nieren geprüft, was mich total aufregt. Ich habe Akteneinsicht verlangt, da ich wissen will, wer mich beim Sozialdienst angeschwärzt hat. Die Sozialarbeiterin behauptet, dass ich kein Anrecht auf diese Information habe. Aber ich habe doch ein Akteneinsichtsrecht!
>
> Sie haben zwar ein Akteneinsichtsrecht, aber nur in Ihre eigenen, persönlichen Daten. Der Urheber der Meldung über Ihre angebliche Schwarzarbeit ist eine Drittperson. Daher stellt diese Meldung keine persönliche Information von Ihnen dar. Die Sozialarbeiterin handelt also völlig richtig, wenn sie Ihnen nicht mitteilt, wer die Meldung gemacht hat.

Auskunfts- und Meldepflicht

Beziehen Sie Sozialhilfe, müssen Sie über Ihr Einkommen, Ihr Vermögen und Ihre Familienverhältnisse vollständig und korrekt Auskunft erteilen. Besonders wichtig ist für den Sozialdienst die Einsicht in alle Unterlagen, die für die Berechnung des Sozialhilfebudgets von Bedeutung sind, also Mietverträge, Lohnabrechnungen, Bankbelege und Gerichtsentscheide, die Auswirkungen auf das Budget haben. Verändern sich Ihre finanziellen und persönlichen Umstände, müssen Sie dies sofort und unaufgefordert dem Sozialdienst melden.

> **ACHTUNG** *Es lohnt sich, die Wahrheit zu sagen. Unwahre Auskünfte gegenüber dem Sozialdienst oder der Sozialhilfebehörde können strafrechtlich verfolgt werden.*

> **Ich beziehe seit fünf Monaten Sozialhilfe für mich und meinen Sohn. Kürzlich habe ich einen neuen Lebenspartner kennengelernt, und wir haben uns entschieden, dass er bei uns einziehen wird. Müssen wir das dem Sozialdienst melden?**
>
> Ja, das müssen Sie melden. Dass Ihr Lebenspartner in Zukunft auch in Ihrem Haushalt leben wird, hat Auswirkungen auf die Höhe Ihres Grundbedarfs: Bis jetzt haben Sie für sich und Ihren Sohn einen Grundbedarf von 1525 Franken pro Monat erhalten (Skos-Richtlinien).
> In Zukunft wird Ihnen nur noch der Betrag für zwei Personen in einem Dreipersonenhaushalt ausgezahlt. Das sind 1236 Franken (mehr zum Grundbedarf lesen Sie auf Seite 136).

Minderung der Bedürftigkeit

Wer Sozialhilfe bezieht, muss alles unternehmen, um die Bedürftigkeit zu vermindern. Folgendes kann verlangt werden:

- Sie müssen eine zumutbare Arbeit annehmen. Als zumutbar gilt eine Arbeit, wenn sie Ihr Alter, Ihren Gesundheitszustand und Ihre persönlichen Verhältnisse angemessen berücksichtigt. Auch lohnwirksame Beschäftigungsprogramme, die vom Sozialdienst anerkannt sind, gelten als zumutbar und müssen angenommen werden.
- Sie müssen ausstehende Forderungen gegenüber Dritten eintreiben. Dazu gehören ausstehende Lohnguthaben, Alimente und Versiche-

rungsleistungen. Nachzahlungen von Versicherungsleistungen müssen Sie an die Sozialhilfe abgeben, wenn sie für den selben Zeitraum ausgezahlt wurden wie die Sozialhilfeleistungen. Mehr zu diesem Thema lesen Sie auf Seite 164.

- Sie müssen an beruflichen und sozialen Integrationsmassnahmen teilnehmen.

TIPP *Ihre Sozialarbeiterin verlangt, dass Sie eine Arbeit annehmen, zu der Sie körperlich gar nicht in der Lage sind? Streiten Sie nicht mit ihr, sondern erklären Sie ruhig und sachlich, warum diese Stelle für Sie unzumutbar ist. Bringen Sie dazu unaufgefordert ein Arztzeugnis mit, das Ihre Aussage belegt.*

Der Sozialdienst will mich verpflichten, an einem Beschäftigungsprogramm teilzunehmen. Ich habe mich erkundigt und erfahren, dass dort nur langweilige, stereotype Arbeiten erledigt werden und der Lohn miserabel ist. Das bringt mir nichts, ich habe überhaupt keine Lust, dorthin zu gehen. Kann mich die Sozialbehörde zwingen?

Die Sozialbehörde kann sie tatsächlich zwingen, am Programm teilzunehmen. Sie haben nämlich die Pflicht, eine zumutbare Arbeit anzunehmen. Dazu gehören auch Beschäftigungsprogramme. Diese sollen Ihre Arbeitsfähigkeit verbessern. Zudem: Auch mit einem miserablen Lohn erzielen Sie ein Einkommen und können die Sozialhilfe ein Stück weit entlasten. Die Sozialbehörde muss nur noch die Differenz zu Ihrem individuellen Existenzminimum bezahlen (siehe auch Seite 110).
Weigern Sie sich, an diesem entlöhnten Programm teilzunehmen, kann die Sozialhilfe sogar ganz eingestellt werden.

Wie viel Sozialhilfe gibt es?

Die Sozialhilfe ist eine sogenannt bedarfsdeckende Hilfe. Sie wird individuell für jede Person oder jede Familie berechnet und deckt das ab, was zur Finanzierung des Lebensunterhalts gebraucht wird. Sie sichert das soziale Existenzminimum.

Sozialhilfe wird monatlich ausgezahlt und beinhaltet neben dem Grundbedarf für den Lebensunterhalt die Wohn- und Nebenkosten sowie die Kosten für die medizinische Grundversorgung.

Das soziale Existenzminimum

Die Sozialhilfe soll ein menschenwürdiges Leben in bescheidenem Rahmen ermöglichen. Dazu gehören nicht nur Nahrung und ein Dach über dem Kopf, sondern auch die Teilnahme am gesellschaftlichen Leben. Das soziale Existenzminimum stellt deshalb sicher, dass

> **?** Kürzlich habe ich mich mit einem Kollegen unterhalten, der wie ich Sozialhilfe bezieht. Er bekommt pro Monat mehr Geld als ich. Das ist doch nicht fair!
>
> Das ist sogar sehr fair. Die Sozialhilfe sichert das soziale Existenzminimum und bezahlt so viel, wie man zum Leben braucht. Wie viel das ist, hängt von verschiedenen Faktoren ab. Etwa davon, mit wie vielen Personen man zusammenwohnt, wie hoch die Miete und die Krankenkassenprämien sind. Deshalb bekommt nicht jede Person gleich viel ausgezahlt.

MATERIELLE GRUNDSICHERUNG UND MEHR

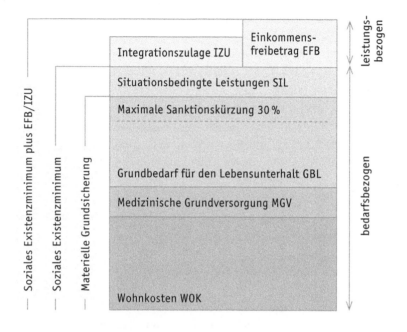

Ein paar Begriffserklärungen:
Maximale Sanktionskürzung: Wenn sich jemand nicht an Auflagen des Sozialdiensts hält, darf der Grundbedarf um maximal 30 Prozent gekürzt werden.
Bedarfsbezogen: Diese Leistungen erhalten alle, die die Voraussetzungen erfüllen.
Leistungsbezogen: Wer diese Leistungen bekommen will, muss selber eine Leistung erbringen, sich entweder besonders um die Integration bemühen (Integrationszulage) oder arbeiten (Einkommensfreibetrag).

Quelle: Skos-Richtlinien

der Grundbedarf auch bescheidene Auslagen für soziale Kontakte ermöglicht – zum Beispiel, dass ein Sozialhilfebezüger einem Verein beitreten und so am gesellschaftlichen Leben teilnehmen kann. Das absolute Existenzminimum hingegen ermöglicht nur das absolut Lebensnotwendige.

Der Grundbedarf für den Lebensunterhalt

Als Grundbedarf wird der monatlich ausgezahlte Betrag bezeichnet, mit dem die Auslagen für das tägliche Leben bezahlt werden müssen. Für folgende Ausgaben muss das Geld ausreichen:
- Nahrungsmittel, Getränke und Tabakwaren
- Bekleidung und Schuhe
- Energieverbrauch ohne Wohnnebenkosten, also Elektrizität, Gas und Ähnliches
- Auslagen für die laufende Haushaltsführung, zum Beispiel für Kehrichtgebühren, die Reinigung und Instandhaltung von Kleidern und der Wohnung
- Kleine Haushaltsgegenstände, zum Beispiel Geschirr, Haarföhn
- Gesundheitskosten ohne Selbstbehalte und Franchisen, beispielsweise selber gekaufte Medikamente, die nicht von der Krankenkasse übernommen werden
- Verkehrsauslagen – dazu zählen neben dem Halbtaxabo der öffentliche Nahverkehr und der Unterhalt für Velo und Mofa
- Alle Ausgaben für Telefon, Smartphone und Post
- Alle Kosten für Unterhaltung und Bildung, etwa die Billaggebühren, Ausgaben für Sport, Spielsachen, Zeitungen, Bücher, Schulkosten, Kino sowie für Haustiere
- Ausgaben für die Körperpflege, zum Beispiel Coiffeur und Toilettenartikel
- Persönliche Ausstattung, beispielsweise Schreibmaterial

- Auswärts eingenommene Getränke
- Übriges, zum Beispiel Vereinsbeiträge oder kleine Geschenke

Wie hoch ist der Grundbedarf?

Der Grundbedarf ist kantonal unterschiedlich geregelt. In allen Kantonen wird er aber auf Basis der Anzahl Personen, die in einem Haushalt leben, berechnet. Je grösser die Personenzahl, desto kleiner der Betrag pro Person. Die Abstufung, die die Skos-Richtlinien seit 2020 empfehlen, sehen Sie im untenstehenden Kasten. Beachten Sie aber, dass sich nicht alle Kantone an diese Richtlinien halten. Den tatsächlichen Grundbedarf in Ihrem Kanton finden Sie in der kantonalen Verordnung (Link im Anhang).

◆ **MARTINE V. LEBT ZUSAMMEN** mit ihren zwei Kindern in einer kleinen Wohnung und bezieht Sozialhilfe. Sie erhält pro Monat 1854 Franken Grundbedarf für ihre kleine Familie. Ihr Kollege Norbert O. wohnt allein und bezieht ebenfalls Sozialhilfe. Er erhält pro Monat für sich 997 Franken Grundbedarf.

GRUNDBEDARF NACH HAUSHALTSGRÖSSE

Haushaltsgrösse	Grundbedarf	Pauschale pro Person
1 Person	Fr. 997.00	Fr. 997.00
2 Personen	Fr. 1525.00	Fr. 763.00
3 Personen	Fr. 1854.00	Fr. 618.00
4 Personen	Fr. 2134.00	Fr. 533.00
5 Personen	Fr. 2413.00	Fr. 483.00
Pro weitere Person	+ Fr. 202.00	

Wohnkosten in der Mietwohnung

Zusätzlich zum Grundbedarf und zur medizinischen Grundversorgung (siehe Seite 141) muss der Sozialdienst die Miete für eine Wohnung und die vertraglich vereinbarten Nebenkosten bezahlen. Wie viel eine Wohnung kosten darf, kann jede Gemeinde selber festlegen. Der Betrag muss dem sogenannten ortsüblichen Rahmen entsprechen. Kosten für Heizung und Warmwasser werden nach dem effektiven Aufwand vergütet.

Ist Ihre Wohnung zu teuer?
Überhöhte Wohnkosten sollten so lange vom Sozialdienst bezahlt werden, bis eine zumutbare günstigere Lösung zur Verfügung steht. An diese Empfehlung halten sich allerdings nicht alle Kantone und kürzen die Miete nach einer gewissen Frist. Weigert sich eine sozialhilfebeziehende Person, in eine verfügbare und zumutbare günstigere Wohnung zu ziehen, können die anrechenbaren Wohnkosten auf den Betrag reduziert werden, der für die günstigere Wohnung ausreichen würde.

> **?** Ich beziehe Sozialhilfe und wohne in einer sehr lauten Wohnung direkt an einer Hauptstrasse. Nun habe ich eine tolle, viel ruhiger gelegene Wohnung im Nachbardorf gefunden. Ich möchte gern umziehen. Was muss ich beachten?
>
> Mit dem Umzug in die Nachbargemeinde wechselt auch die Zuständigkeit des Sozialdienstes. Nach dem Umzug ist die neue Wohngemeinde für Ihre Sozialhilfe zuständig. Erkundigen Sie sich dort vor Abschluss des Mietvertrags, wie hoch die ortsübliche Miete ist, und überprüfen Sie, ob die neue Wohnung diesen Vorgaben entspricht. So können Sie vermeiden, dass Sie schon bald wieder eine neue Wohnung suchen müssen.

Gut zu wissen: Bevor die Sozialbehörde von Ihnen einen Umzug in eine günstigere Wohnung verlangen darf, muss sie genauere Abklärungen treffen. Mit wie vielen Personen leben Sie zusammen? Lässt Ihr Gesundheitszustand einen Umzug überhaupt zu?

> **?** **Der Sozialdienst hat mir mitgeteilt, dass meine Wohnung zu teuer sei und ich mir eine neue suchen müsse, die lediglich 1200 Franken kosten dürfe.** Ich habe im Internet geschaut und zu diesem Preis nur Wohnungen gefunden, die in einem unsympathischen Quartier liegen. Muss ich wirklich umziehen?
>
> Ja, das müssen Sie. Jede Gemeinde kann festlegen, wie hoch ihr ortsüblicher Mietzins ist, und von einer sozialhilfebeziehenden Person verlangen, in eine Wohnung zu ziehen, die diesen Richtlinien entspricht. Der Sozialdienst muss nicht Rücksicht darauf nehmen, in welchem Quartier jemand gern wohnen möchte.

Bezahlt der Sozialdienst die Mietkaution?
Die Skos-Richtlinien empfehlen den Sozialdiensten, wann immer möglich keine Mietkautionen zu bezahlen. Bezahlt ein Sozialdienst die Kaution trotzdem, muss die Rückerstattung sichergestellt sein. Ziehen Sie in eine neue Wohnung, müssen Sie die Kaution an den Sozialdienst zurückzahlen. Das kann für Sie zum Problem werden: Der Vermieter der neuen Wohnung verlangt ebenfalls eine Mietkaution, aber die Kaution der alten Wohnung erhalten Sie oft erst nach ein bis zwei Monaten zurück. Viele Sozialdienste stellen deshalb Mietzinsgarantien aus.

Ziehen Sie innerhalb der gleichen Gemeinde um und ist somit der gleiche Sozialdienst zuständig, ist alles etwas einfacher. Hat er für die alte Wohnung die Kaution bezahlt, wird er auch die neue übernehmen, und Sie zahlen die Kaution der alten Wohnung zurück, sobald Sie sie erhalten.

Ziehen Sie in eine andere Gemeinde, müssen Sie mit dem neu zuständigen Sozialdienst klären, wie die Mietkaution gezahlt werden kann. Einige Sozialdienste stellen den Vermietern eine Mietzinsgarantie aus und können so verhindern, dass eine Kaution verlangt wird. Andere versuchen, Mietkautionen mit der Unterstützung von Hilfswerken und Stiftungen zu finanzieren.

Was gilt bei Wohneigentum?

Auch Wohneigentum schützt nicht davor, von der Sozialhilfe abhängig zu werden. Muss jemand längerfristig vom Sozialdienst unterstützt werden, besteht kein gesetzliches Recht darauf, das Eigenheim zu behalten. Sind die Wohnkosten – also die Hypothekarzinsen und die Nebenkosten – jedoch tief, macht es häufig trotzdem Sinn, das Wohneigentum zu erhalten. Auch in einer Mietwohnung fallen

> **?** Ich lebe schon seit sechs Monaten von der Sozialhilfe, und es ist nicht absehbar, dass ich mich bald davon loslösen kann. Ich lebe in einer Eigentumswohnung. Die Sozialarbeiterin hat mir nun mitgeteilt, dass auf dieser Wohnung ein Grundpfand erstellt wird. Heute habe ich die Verfügung erhalten. Darf die Sozialbehörde das oder soll ich mich wehren?
>
> Ja, die Sozialbehörde darf das. Sie haben kein Anrecht darauf, dass Ihre Eigentumswohnung in Ihrem Besitz bleibt. Vermutlich zahlen Sie nur wenig Hypothekarzinsen, deshalb wurde entschieden, dass Sie die Wohnung behalten dürfen. Bei einem späteren Verkauf dieser Wohnung erhalten Sie Geld. Mit dem Grundpfand stellt die Sozialbehörde sicher, dass Sie vom Verkaufserlös Ihre Sozialhilfeschulden soweit möglich zurückzahlen.

Wohnkosten an, und in vielen Gemeinden und Städten ist günstiger Wohnraum nur sehr schwer zu finden. Entscheidet eine Sozialbehörde, dass das Wohneigentum erhalten werden soll, wird sie eine Grundpfandverschreibung prüfen. So ist sichergestellt, dass bei einem allfälligen späteren Verkauf des Eigenheims die aufgelaufenen Sozialhilfeschulden zurückgezahlt werden (mehr dazu lesen Sie auf Seite 184).

Medizinische Grundversorgung

Die medizinische Grundversorgung umfasst die Krankenkassenprämien für die obligatorische Grundversicherung, die Franchise und allfällige Selbstbehalte. Alle diese Kosten werden von der Sozialhilfe übernommen. Auf Zusatzversicherungen besteht kein Anrecht. In begründeten Ausnahmefällen oder über einen absehbaren Zeitraum hinweg können jedoch auch Prämien für weitergehende Versicherungsleistungen von der Sozialhilfe bezahlt werden. Weitere Kosten, zum Beispiel für eine Brille, übernimmt die Sozialhilfe, wenn sie im konkreten Einzelfall sinnvoll und nutzbringend sind. Um die Kosten möglichst tief zu halten, wird fast überall verlangt, dass Sozialhilfebeziehende die Franchise auf das Minimum setzen. So stellt der Sozialdienst sicher, dass auch bei akuter Erkrankung die Gesundheitskosten nicht überborden.

TIPP *Familien und Einzelpersonen, die in bescheidenen finanziellen Verhältnissen leben, haben Anspruch auf Prämienverbilligung. Die Höhe dieser Verbilligung ist von Kanton zu Kanton unterschiedlich. Mehr dazu lesen Sie auf Seite 70.*

Zahnarzt

Sowohl die Kosten für die jährliche Zahnkontrolle und Dentalhygiene als auch Notfallbehandlungen und zweckmässige Zahnsanierungen

werden von der Sozialhilfe bezahlt. Ziel solcher Behandlungen ist es, die Patienten schmerzfrei und kaufähig zu machen. Auf jeden Fall übernimmt die Sozialhilfe nur eine einfache, zweckmässige Sanierung. Darunter wird Folgendes verstanden:
- Entfernung nicht erhaltenswürdiger Zähne und Wurzelreste
- Erhalt von strategisch wichtigen Zähnen und Wurzelresten
- Legen von Füllungen
- Erhalt der Kaufähigkeit durch teilprothetische Methoden

Kronen- und Brückenversorgungen fallen in der Regel nicht unter den Begriff der einfachen Sanierung und werden deshalb von der Sozialhilfe nicht bezahlt. Die Zahnarztkosten werden zum SUVA-Tarif oder zum Sozialtarif des jeweiligen Kantons übernommen.

Handelt es sich bei einem Zahnarztbesuch nicht um einen Notfall, müssen Sie unbedingt vor jeder Behandlung einen Kostenvoranschlag erstellen lassen und diesen dem Sozialdienst einreichen. Am besten weisen Sie Ihren Zahnarzt darauf hin, dass Sie Sozialhilfe beziehen und die Kosten nur zum SUVA-Tarif übernommen werden. Achten Sie darauf, dass der Kostenvoranschlag auch das Behandlungsziel enthält. Handelt es sich um eine teure Behandlung, kann der Sozialdienst Ihre freie Zahnarztwahl einschränken und Sie zu einem Vertrauenszahnarzt schicken.

> **?** **Ich muss zum Zahnarzt. Nun sagt man mir beim Sozialdienst, ich müsse einen Teil der Rechnung aus dem Grundbedarf zahlen. Ist das erlaubt?**
>
> Nein, das ist nicht erlaubt. Aus dem Grundbedarf müssen keine Beiträge an die medizinische Grundversorgung bezahlt werden. Wenn es sich um eine einfache, zweckmässige Sanierung handelt, muss der Sozialdienst die ganze Rechnung übernehmen.

Wer bezahlt nicht kassenpflichtige Medikamente?

Alle kassenpflichtigen Medikamente werden von der Krankenkasse bezahlt; einen allfälligen Selbstbehalt übernimmt der Sozialdienst. Nicht kassenpflichtige Medikamente muss der Sozialdienst nicht bezahlen, diese müssen Sie aus Ihrem Grundbedarf finanzieren.

TIPP *Nicht kassenpflichtige Medikamente sind oft teuer und können ein grosses Loch im Budget hinterlassen. Bevor Sie in der Apotheke Medikamente kaufen, erkundigen Sie sich, ob diese kassenpflichtig sind. Kaufen Sie nur Medikamente, die Sie wirklich brauchen, und bestehen Sie auf kassenpflichtigen Medikamenten. Verschreibt Ihr Arzt Ihnen Medikamente, die nicht kassenpflichtig sind, muss er sie selber bezahlen – ausser er hat Sie vorher informiert, dass sie nicht von der Krankenkasse bezahlt werden.*

Spitalbeiträge

Bei einem Spitalaufenthalt müssen Sie sich pro Tag mit 15 Franken an den Verpflegungskosten beteiligen (siehe Seite 69). Ob dieser Betrag von der Sozialhilfe bezahlt wird, hängt davon ab, in welcher Art Haushalt Sie wohnen.

SANDRA M. WOHNT ALLEIN. Bei einem Spitalaufenthalt muss sie die 15 Franken aus dem Grundbedarf bezahlen. Die Verpflegungskosten sind im Grundbedarf enthalten.
MICHAEL L. WOHNT MIT SEINER FRAU und seinen zwei Kindern zusammen, lebt also in einem Vierpersonenhaushalt. Bei ihm zahlt die Sozialhilfe die Verpflegungskosten von 15 Franken pro Tag.

Der Grund für diese Unterschiede: In einem Mehrpersonenhaushalt muss der Grundbedarf für die Verpflegung aller Personen im Haushalt ausreichen. Müssten daraus die Spitalverpflegungskosten gedeckt werden, würde dies das Geld schmälern, das für die Verpflegung der anderen Haushaltsmitglieder ausreichen muss. Das ist aber nicht zulässig. Wohnt jemand hingegen allein, muss der Grundbedarf nur für seine eigene Verpflegung ausreichen. Hier kann verlangt werden, dass die Spitalverpflegungskosten aus dem Grundbedarf bezahlt werden.

Sozialhilfe hängt von der Lebenssituation ab

Das Existenzminimum ist nicht für alle gleich hoch. Das ist nicht ungerecht, im Gegenteil. Da die individuellen Lebensbedingungen jeder sozialhilfebeziehenden Person anders sind, ist es tatsächlich fair, dass nicht jeder und jede den gleich hohen Betrag ausgezahlt bekommt.

In erster Linie hängt der Grundbedarf davon ab, wie viele Personen im selben Haushalt wohnen. Für Einzelpersonen, die von der Sozialhilfe unterstützt werden, schlagen die Skos-Richtlinien einen Grundbedarf von 997 Franken vor.

Sozialhilfe für Paare und Familien

Ehepaare und Paare, die in eingetragener Partnerschaft leben, sind verpflichtet, sich gegenseitig zu unterstützen. Dies regelt das Schwei-

zerische Zivilgesetzbuch (ZGB) ab Artikel 159. Was bedeutet das nun im Zusammenhang mit der Sozialhilfe?
Hat ein Partner kein Einkommen, muss der andere ihn unterstützen. Anrecht auf Sozialhilfe besteht erst, wenn auch das Einkommen des anderen Partners nicht ausreicht, um den Lebensunterhalt für beide zu finanzieren.

◆ **SILVIA UND THOMAS B. SIND VERHEIRATET.** Thomas B. hat eine 100-Prozent-Stelle und verdient 5000 Franken netto. Seine Frau ist schon lange arbeitslos und wird demnächst ausgesteuert. Da der Verdienst von Herrn B. ausreicht, um den Lebensunterhalt für beide zu decken, kann seine Frau keine Sozialhilfe beantragen.

Die Unterstützungspflicht bleibt auch während einer Trennung und nach dem Auszug des einen Partners bestehen. Dies gilt für Ehepaare und Paare in eingetragener Partnerschaft, nicht aber für Konkubinatspaare. Die Unterstützungspflicht endet erst, wenn sich ein Paar gerichtlich getrennt hat. Es ist daher besonders bei sehr knappem Budget wichtig, schnell eine Trennung vor dem Eheschutzgericht zu erwirken. Sobald dies geschehen ist, ist eine Anmeldung für die Sozialhilfe möglich.

Sozialhilfe für Familien
Die Sozialhilfe für Familien wird nach der Anzahl Familienmitglieder berechnet. Leben in einer Familie zum Beispiel fünf Personen, gilt der Grundbedarf für einen Fünfpersonenhaushalt. Die Familie bekommt gemäss Skos-Richtlinien pro Monat 2413 Franken ausgezahlt, um den Lebensbedarf zu finanzieren. Fallen für die Kinder Mehrkosten für die Schule an, zum Beispiel für ein Klassenlager, wird die Sozialhilfe diese Kosten als situationsbedingte Leistung zusätzlich übernehmen. Solche Ausgaben müssen die Eltern nicht aus dem Grundbedarf finanzieren (mehr dazu auf Seite 152).

Erwachsene Kinder, die im gleichen Haushalt mit ihren Eltern wohnen und Unterstützung benötigen, müssen selber Sozialhilfe beantragen. Sie gehören nicht mehr zur Unterstützungseinheit Familie. Für Junge Erwachsene gelten spezielle Regelungen.

Sozialhilfe für Konkubinatspaare
Eheleute und Menschen, die in einer eingetragenen Partnerschaft leben, müssen sich gegenseitig unterstützen. Wie sieht das aber bei Konkubinatspaaren aus? Sie sind eigentlich nicht zur gegenseitigen Unterstützung verpflichtet. Lebt ein Paar aber in einem stabilen Konkubinat und ist nur eine Person auf Sozialhilfe angewiesen, werden dennoch Einkommen und Vermögen des Konkubinatspartners, der Konkubinatspartnerin angerechnet.

Der nicht von der Sozialhilfe unterstützte Partner muss für seine eigenen Kosten und nach Möglichkeit auch für die vollen Kosten von gemeinsamen, im gleichen Haushalt lebenden Kindern aufkommen. Bleibt ihm danach immer noch Geld, berechnet der Sozialdienst zusätzlich einen Konkubinatsbeitrag, mit dem die mittellose Partnerin unter-

> **?** Ich lebe mit meiner Freundin zusammen. Sie arbeitet 100 Prozent, ich arbeite nicht und beziehe Sozialhilfe. Der Sozialdienst hat mir nun mitgeteilt, dass meine Freundin mir für die Haushaltsführung monatlich 300 Franken bezahlen muss, und hat diesen Betrag im Sozialhilfebudget abgezogen. Meine Freundin will aber nichts bezahlen. Darf der Sozialdienst trotzdem kürzen?
>
> Ja, das darf der Sozialdienst. Laut Bundesgericht kommt es nur darauf an, ob Ihre Freundin finanziell in der Lage ist, Ihnen eine Entschädigung für die Haushaltsführung zu bezahlen. Es kommt nicht darauf an, ob sie diese auch tatsächlich bezahlen will.

stützt werden muss. Anders als bei der Entschädigung für die Haushaltsführung (siehe Seite 148) gibt es hier keinen Maximalbetrag. Verdient der Konkubinatspartner sehr gut, hat die sozialhilfebeziehende Partnerin keinen Anspruch mehr auf Sozialhilfe.

◆ **FABRICE C. UND CARO T. LEBEN ZUSAMMEN**, ihr kleiner Sohn ist vier Monate alt. Frau T. bezieht Sozialhilfe. Für den Sohn allerdings bezahlt der Sozialdienst nichts. Denn Fabrice C. verdient genug, um selber für alle Kinderkosten aufzukommen.

❗ **URTEILE** *Nach zwei Jahren Zusammenleben gilt ein Paar als stabiles Konkubinat. Lebt ein Paar mit einem gemeinsamen Kind zusammen, darf von einem stabilen Konkubinatsverhältnis ausgegangen werden, und zwar unabhängig davon, wie lange die Lebensgemeinschaft schon besteht (Urteil des Bundesgerichts 2P.242/2003 vom 12.1.2004).*

Wenn der nicht unterstützte Partner wirtschaftlich in der Lage ist, eine Entschädigung für die Haushaltsführung zu bezahlen, wird diese auch angerechnet. Auf den Zahlungswillen des Partners kommt es nicht an (Urteil 2P.48/2004 vom 16.2.2004).

Sozialhilfe in Wohngemeinschaften

Wenn Menschen, die Sozialhilfe beziehen, in einer Wohngemeinschaft leben, wird der Grundbedarf reduziert. Zudem kommt es darauf an, welches Verhältnis unter den Zusammenwohnenden besteht. Die Sozialdienste unterscheiden zwischen familienähnlichen Wohn- und Lebensgemeinschaften und sogenannten Zweck-Wohngemeinschaften. In der Praxis führt diese Unterscheidung immer wieder zu

Unstimmigkeiten. Die Sozialdienste gehen sehr schnell von einer familienähnlichen Wohn- und Lebensgemeinschaft aus. Warum dies so ist, sehen Sie in den nächsten Abschnitten.

Familienähnliche Wohn- und Lebensgemeinschaften
Unter die familienähnlichen Wohn- und Lebensgemeinschaften fallen alle Paare oder Gruppen, die nicht bloss eine Wohnung teilen, sondern ihren Haushalt gemeinsam führen und finanzieren. Lebt jemand, der Sozialhilfe bezieht, in einer solchen Wohngemeinschaft, wird der Grundbedarf anteilsmässig im Verhältnis zum ganzen Haushalt berechnet, also nach der Kopfquote.

Lebt eine Sozialhilfebezügerin (oder ein Sozialhilfebezüger) in einer solchen Wohngemeinschaft, wird erwartet, dass sie den Haushalt für den oder die nicht unterstützten Wohnpartner führt und dafür eine Entschädigung verlangt. Wie gross die Arbeitsleistung sein soll, hängt einerseits von der zeitlichen Verfügbarkeit und andererseits von der Arbeitsfähigkeit ab. Die Höhe der Entschädigung wird aus zwei Faktoren berechnet:
- der erwarteten Arbeitsleistung der Sozialhilfebezügerin
- der finanziellen Leistungsfähigkeit der Personen, die von der Haushaltsführung profitieren
- gemäss Skos-Richtlinien darf pro unterstützungspflichtigen Mitbewohner maximal ein Betrag von 950 Franken verlangt werden.

LISA V. UND TOM D. sind seit einem halben Jahr ein Paar, vor zwei Monaten sind sie in eine gemeinsame Wohnung gezogen. Frau V. ist berufstätig, ihr Partner bezieht Sozialhilfe. Da er in einem Zweipersonenhaushalt lebt, erhält er statt 997 Franken (wenn er allein leben würde) nur 763 Franken Grundbedarf. Zudem wird erwartet, dass er den Haushalt führt. Für diese Arbeitsleistung muss er von seiner Partnerin eine Entschädigung verlangen. Die Sozialhilfe bezahlt auch einen Teil der Wohnkosten. Diese Kosten werden gemäss ortsüblichen Mietzinsrichtlinien berechnet. Am Wohnort von Lisa V. und Tom D. werden für einen Zweipersonenhaushalt maximal 1400 Franken Wohnkosten veranschlagt. Auch wenn die Wohnung 1600 Franken kostet, bezahlt die Sozialhilfe für Herrn D. nur die Hälfte dieses Betrags, also 700 Franken. Seine Partnerin muss somit 900 Franken Miete bezahlen.

Zweck-Wohngemeinschaften

Zweck-Wohngemeinschaften sind Personengruppen, die zwar zusammenleben, den Haushalt aber weder gemeinsam führen noch gemeinsam finanzieren. Lebt eine sozialhilfebeziehende Person in einer solchen Wohngemeinschaft, wird ihr Grundbedarf um zehn Prozent gekürzt, aber nicht nach der Kopfquote berechnet. Sie erhält einen Grundbedarf von 997 Franken minus zehn Prozent, also 898 Franken monatlich, um den Lebensunterhalt zu finanzieren. Eine Entschädigung für die Haushaltsführung ist in dieser Art von Wohngemeinschaft nicht vorgesehen.

DER 30-JÄHRIGE SANDRO M. lebt zur Untermiete bei Manuel T. Die beiden finanzieren die WG nicht gemeinsam, jeder schaut für sich. Herr M. bezieht Sozialhilfe. Er erhält monatlich 887 Franken Grundbedarf ausgezahlt. Als Wohnkosten bezahlt die Sozialhilfe die im Untermietvertrag abgemachte Miete.

Sozialhilfe für junge Erwachsene unter 25

Als junge Erwachsene gelten in der Sozialhilfe alle zwischen 18 und 25 Jahren. In einigen Kantonen gelten sogar alle Menschen bis 30 oder gar 35 als junge Erwachsene. Beziehen junge Erwachsene Sozialhilfeleistungen, stehen die Bildungs- und Integrationsmassnahmen klar im Vordergrund: Die jungen Leute sollen möglichst schnell in den Arbeitsmarkt integriert werden. Von jungen Erwachsenen ohne Erstausbildung wird erwartet, dass sie bei ihren Eltern wohnen. Wenn dies nicht möglich ist, können sie sich ein Zimmer in einer WG (Zweck-Wohngemeinschaft) suchen. Eine eigene Wohnung wird nur in klar begründeten Einzelfällen finanziert.

> **TIPP** *Die Regeln für junge Erwachsene in der Sozialhilfe unterscheiden sich von Kanton zu Kanton stark. Kontrollieren Sie im kantonalen Sozialhilfegesetz und der -verordnung, welche Regeln in Ihrem Kanton zählen.*

Junge Erwachsene in einer Wohn- und Lebensgemeinschaft

Leben junge Erwachsene in einer Wohn- und Lebensgemeinschaft – dazu gehört auch das Wohnen bei den Eltern –, wird ihr Grundbedarf auf die Kopfquote umgerechnet. Leben junge Erwachsene bei ihren Eltern, so wird nur dann ein Teil der Miete durch den Sozialdienst bezahlt, wenn es den Eltern nicht zugemutet werden kann, die ganze Miete zu bezahlen.

> **MARKUS J., 20-JÄHRIG,** bezieht Sozialhilfe. Er wohnt zusammen mit seiner Schwester bei den Eltern. Zur Berechnung seines Grundbedarfs geht die Sozialhilfe von einem Vierpersonenhaushalt aus. Ein solcher Haushalt erhält monatlich 2134 Franken Grundbedarf. Markus erhält einen Viertel davon, also 533 Franken monatlich. Damit muss er seinen Lebensunterhalt finanzieren. Einen Anteil der Wohnkosten übernimmt der Sozialdienst nicht, da die Eltern die ganze Miete bezahlen können.

Junge Erwachsene in einer Zweck-Wohngemeinschaft

Wohnen junge Erwachsene, die Sozialhilfe beziehen, in einer Zweck-Wohngemeinschaft, werden sie nach dem Prinzip eines Zweipersonenhaushalts unterstützt.

DIE 19-JÄHRIGE SONJA L. wohnt in einer Zweck-Wohngemeinschaft zusammen mit drei Studenten. Sie wird von der Sozialhilfe unterstützt. Obwohl sie also wie Markus J. im obigen Beispiel in einem Vierpersonenhaushalt lebt, geht die Sozialhilfe bei ihr von einem Zweipersonenhaushalt aus. Der Grund für diese andere Berechnung liegt darin, dass es sich nicht um eine familienähnliche Wohngemeinschaft handelt. Ein Zweipersonenhaushalt erhält monatlich 1525 Franken Grundbedarf. Sonja L. wird die Hälfte davon ausgezahlt. Mit diesen 763 Franken muss sie ihren Lebensunterhalt finanzieren.

Junge Erwachsene mit eigenem Haushalt

Junge Erwachsene, denen das Führen eines eigenen Haushalts zugestanden wird, erhalten einen um 20 Prozent gekürzten Grundbedarf. Anstelle von 997 Franken erhalten sie also nur 798 Franken. Diese Kürzung fällt weg, wenn der oder die junge Erwachsene
- sich in einer Ausbildung befindet oder an einer Integrationsmassnahme teilnimmt,
- einer Erwerbstätigkeit nachgeht oder
- eigene Kinder betreut.

MARTINA P. IST 21 JAHRE ALT und Mutter der acht Monate alten Sophie. Sie wohnt in einer kleinen Wohnung. Da sie Sophie betreut, wird ihr Grundbedarf nicht gekürzt; sie erhält pro Monat 1525 Franken für sich und Sophie.

TIPP *Auf Seite 137 finden Sie eine Übersicht über die verschiedenen Höhen des Grundbedarfs. Beachten Sie aber, dass die angegebenen Beträge wie auch diejenigen in den obigen Beispielen nicht in allen Kantonen gelten. Den für Sie geltenden Grundbedarf finden Sie in der Verordnung zum Sozialhilfegesetz Ihres Kantons (Link im Anhang).*

Zusätzlich bezahlt: situationsbedingte Leistungen

Der Grundbedarf, die Wohn- und Nebenkosten sowie die medizinische Grundversorgung sichern im Normalfall das soziale Existenzminimum der Menschen, die Sozialhilfe beziehen. Mit diesen Geldern sind aber nur alltägliche Auslagen gedeckt. Zusätzliches und Unvorhergesehenes lässt sich damit nicht finanzieren.

Hier kommen die situationsbedingten Leistungen ins Spiel. Sie sichern einer Person oder einer Familie auch bei speziellen Umständen oder ausserordentlichen Auslagen das soziale Existenzminimum. Sie werden dann ausgezahlt, wenn die normale Unterstützung für zwingend notwendige oder sinnvolle Anschaffungen nicht ausreicht. In diesem Kapitel finden Sie eine Übersicht über die wichtigsten situationsbedingten Leistungen.

Krankheits- und behinderungsbedingte Leistungen

Eine Krankheit oder eine Behinderung ist häufig mit grossen zusätzlichen Kosten verbunden. Ein Teil dieser Kosten wird über die medizinische Grundversorgung bezahlt. Es gibt aber viele Ausgaben, die nicht finanziert werden, obwohl sie sinnvoll und nutzbringend sind – etwa die Kosten für die Hilfe, Pflege und Betreuung von kranken Angehörigen zu Hause oder für Transporte zu Therapieplätzen und Arztpraxen.

TIPP *Haben Sie solche Ausgaben? Dann stellen Sie ein Gesuch an die zuständige Sozialbehörde und beantragen Sie die Übernahme dieser Kosten. Die Sozialhilfe muss sie Ihnen vergüten.*

Erwerbskosten, die nicht vom Arbeitgeber bezahlt sind

Wer einen Beruf ausübt und kein existenzsicherndes Einkommen erzielt – ganz unabhängig davon, ob voll- oder teilzeitlich –, hat häufig zusätzliche Ausgaben. Es müssen Arbeitskleider angeschafft werden, die Fahrt zur Arbeitsstelle sowie die auswärtige Verpflegung müssen bezahlt werden. Solche Kosten und Auslagen, die nicht mit dem Lohn vergütet werden, übernimmt die Sozialhilfe, ebenso Auslagen, die im Zusammenhang mit einer nicht bezahlten, wohltätigen Arbeit stehen.

? **Schon seit Jahren engagiere ich mich ehrenamtlich in unserer Kirche. Jeden Freitag betreue ich kleine Kinder. Diese Aufgabe bedeutet mir sehr viel. Nun haben die Kirchgemeinden der Umgebung einen neuen, grösseren Standort für die Kinderbetreuung gefunden. Dieser liegt nicht in meinem Dorf. Aus gesundheitlichen Gründen kann ich nicht Fahrrad fahren und muss daher den Bus nehmen. Ich mache mir Sorgen wegen der zusätzlichen Ausgaben.**

Der Grundbedarf deckt nur die öffentlichen Verkehrsmittel im Nahverkehr. Die zusätzlichen Kosten für die Ausübung Ihrer Freiwilligenarbeit kann die Sozialhilfe bezahlen, sie ist aber nicht dazu verpflichtet. Suchen Sie das Gespräch mit Ihrer Sozialarbeiterin und erklären Sie ihr, dass diese Freiwilligenarbeit für Sie sehr wichtig ist und dass Sie so am gesellschaftlichen Leben teilhaben können.

Integration und Betreuung von Kindern und Jugendlichen

In der Sozialhilfe gilt die Integration und die Betreuung von Kindern und Jugendlichen als besonders wichtig. Die zusätzlichen Kosten, die mittellosen Eltern dabei entstehen, werden vom Sozialdienst bezahlt.

◆ **DIE MUTTER DER KLEINEN SELINA** bezieht Sozialhilfe. Weil sie keine Arbeit findet, kann sie ihre Tochter rund um die Uhr betreuen. Das dreijährige Mädchen ist aber allzu oft in der kleinen Wohnung mit der Mutter allein. Es wäre gut, wenn sie eine Spielgruppe besuchen könnte. Dort würde sie den Umgang mit Gleichaltrigen lernen, und auch für ihre Sprachentwicklung wäre dies förderlich. Deshalb werden die Kosten für die Spielgruppe von der Sozialhilfe bezahlt.

Auch die Kosten für eine auswärtige Betreuung bei einer Tagesfamilie oder in einer Krippe werden von der Sozialhilfe übernommen, wenn dies nötig ist, damit die Eltern ihren Beruf ausüben oder an einer Integrationsmassnahme teilnehmen können. Ob auch Beiträge an Freizeitaktivitäten der Kinder bezahlt werden, entscheidet die Sozialbehörde individuell.

Lager, Musikunterricht und mehr
Die Grundkosten wie Schreibmaterialien, Etui oder Schulthek, die beim Besuch der obligatorischen Schule entstehen, müssen aus dem Grundbedarf bezahlt werden. Es gibt jedoch Kosten im Zusammenhang mit dem Schulbesuch, die von der Sozialhilfe zusätzlich übernommen werden – zum Beispiel für ein Klassenlager oder eine Schulreise. Ob die Sozialhilfe auch die Kosten des Musikunterrichts übernimmt, entscheidet die Sozialbehörde individuell.

> **?** Mein Sohn ist heute mit einem Informationszettel der Schule nach Hause gekommen: Nächsten Monat gehen sie ins Klassenlager. Ich lebe von der Sozialhilfe. Wie soll ich den Betrag für dieses Lager nur bezahlen?
>
> Der Grundbedarf reicht tatsächlich nicht für ein Klassenlager aus. Er ist so berechnet, dass er die alltäglichen Ausgaben des Lebens abdeckt. Ausserordentliche Ausgaben haben darin keinen Platz. Wenden Sie sich an Ihre Sozialarbeiterin; der Sozialdienst kann Ihnen das Geld für das Lager als situationsbedingte Leistung zusätzlich überweisen.

Weitere situationsbedingte Leistungen (Besuchsrecht bei getrennten oder geschiedenen Eltern)

Nicht nur in den oben beschriebenen Situationen fallen Kosten an, die nicht durch den Grundbedarf gedeckt sind. Auch das Besuchsrecht geschiedener oder getrennter Eltern verursacht je nach Situation zusätzliche Auslagen. Wohnen die Kinder nicht am gleichen Ort wie der besuchsberechtigte Elternteil, müssen die Anreisekosten von der Sozialhilfe bezahlt werden. Kommen die Kinder für ein Wochenende zu Besuch, kostet das zusätzlich. Auch das wird vom Sozialdienst übernommen.

Die Prämien für Haftpflicht- und Hausratversicherung werden in den meisten Kantonen ebenfalls von der Sozialhilfe übernommen.

Soziale, pädagogische oder psychologische Gründe können für weitere Kosten verantwortlich sein. Sind diese Ausgaben im Einzelfall begründet und steht der Nutzen in einem sinnvollen Verhältnis zum finanziellen Aufwand, kann die Sozialhilfe diese Kosten übernehmen.

> **?** Ich bin geschieden und beziehe Sozialhilfe. Meine Kinder wohnen bei meiner Exfrau, sind jedoch jedes zweite Wochenende bei mir. Obwohl ich mich immer sehr auf ihren Besuch freue, mache ich mir Sorgen wegen der Finanzen. Ich muss ja auch für sie Essen kaufen. Muss der Sozialdienst mir etwas zusätzlich auszahlen für diese Wochenenden?
>
> Ja, das muss der Sozialdienst. An den Wochenenden, an denen Ihre Kinder zu Besuch sind, muss der Grundbedarf anders berechnet werden. Der Sozialdienst muss Ihr Sozialhilfebudget neu berechnen und eine Mischrechnung anstellen: Für die Besuchswochenenden haben Sie das Geld für einen Dreipersonenhaushalt zugut, für den Rest des Monats den Betrag für einen Einpersonenhaushalt.

Spezialfall Wegzug aus der Gemeinde
Wenn Sie aus Ihrer Gemeinde wegziehen, soll der Sozialdienst am neuen Wohnort genügend Zeit haben, um Ihren Anspruch auf Sozialhilfe zu prüfen. Daher werden folgende Kosten im Sinn einer situationsbedingten Leistung von der bisherigen Sozialhilfe übernommen:
- Grundbedarf für den ersten Monat
- Umzugskosten
- Erste Monatsmiete; maximal der ortsübliche Mietzins am neuen Wohnort
- Sofort erforderliche Einrichtungsgegenstände

Integrationsmassnahmen

Mit Integrationsmassnahmen will die Sozialbehörde gegen eine drohende Isolierung von Sozialhilfebeziehenden vorgehen und ihre Integration in die Gesellschaft fördern. Damit eine solche Massnahme ihr

Ziel erreicht, braucht es von Anfang an eine gute fachliche Abklärung. Die Teilnahme an einer Integrationsmassnahme wird in einem schriftlichen Vertrag zwischen der betroffenen Person und der Sozialhilfebehörde festgehalten. Folgende Punkte müssen in diesem Vertrag geregelt werden:

- Ziel, Zweck und Dauer der Massnahme
- Gegenseitige Rechte und Pflichten
- Ausmass der finanziellen und weiteren Leistungen
- Konsequenzen bei einer Nichteinhaltung des Vertrags

SEVERIN L. BEZIEHT SEIT ZWEI JAHREN Sozialhilfe. Da er seine Tage stets allein in seiner kleinen Wohnung verbringt, beschliesst sein Sozialarbeiter, ihn in ein Beschäftigungsprogramm zu schicken. Herr L. soll zusammen mit anderen Mailings zusammenstellen und verpacken. In einem Vertrag wird festgehalten, wie lange diese Massnahme dauert. Als Ziel definiert der Sozialarbeiter, dass Severin L. wieder vermehrt soziale Kontakte pflegen soll. Im Vertrag steht, dass Herr L. regelmässig zu diesem Beschäftigungsprogramm erscheinen muss. Bricht er das Programm ab, wird ihm der Grundbedarf um zehn Prozent gekürzt.

TIPP *Sehen Sie eine Integrationsmassnahme nicht als Strafe an. Im Gegenteil: Das ist eine Unterstützung für Sie. Je länger Sie allein sind, keine Tagesstruktur haben und keine sozialen Kontakte pflegen, umso schwieriger wird es, wieder den gesellschaftlichen Anschluss zu finden. Genau hier setzen Integrationsmassnahmen an. Sie wollen verhindern, dass Sie in eine Isolation geraten.*

WAS SIND INTEGRATIONSMASSNAHMEN?
Es gibt ganz unterschiedliche Massnahmen zur sozialen und beruflichen Integration. Folgendes kann darunter verstanden werden:
- Berufliche Orientierungsmassnahmen
- Integrationshilfen in den ersten Arbeitsmarkt
- Einsatz- oder Beschäftigungsprogramme
- Angebote im zweiten Arbeitsmarkt (geschützte Arbeitsplätze)
- Sozialpädagogische und sozialtherapeutische Angebote

Einsatz soll sich lohnen: Einkommensfreibeträge und Integrationszulagen

Ziel der Sozialhilfe ist es, die soziale Integration und den Wiedereinstieg in den Arbeitsmarkt zu fördern. Deshalb werden Sozialhilfebeziehende, die einer Erwerbsarbeit nachgehen, in den meisten Kantonen belohnt. Vom Lohn wird ihnen ein Freibetrag zwischen 100 und 600 Franken gewährt; als Einkommen angerechnet wird nur der Rest Ihres Verdienstes. Wenn Sie arbeiten, haben Sie also mehr Geld zur Verfügung. Der Freibetrag wird aber nur für eine Arbeit im sogenannten ersten Arbeitsmarkt gewährt, ein Praktikum oder die Teilnahme an Integrations- und Beschäftigungsprogrammen zählen nicht dazu.

Mindestens einmal pro Jahr überprüft der Sozialdienst, ob Sie immer noch Anspruch auf den Einkommensfreibetrag haben.

FAMILIENVATER SEBASTIAN V. arbeitet zu 100 Prozent. Allerdings reicht sein Einkommen von 4200 Franken nicht aus, um seine fünfköpfige Familie zu ernähren. Er erhält ergänzende Sozialhilfe. Da er voll arbeitet, gewährt ihm die Sozialbehörde einen Einkommensfreibetrag von 500 Franken.

Integrationszulagen

Mit einer Integrationszulage werden Personen belohnt, die sich besonders um ihre soziale und berufliche Integration bemühen. Die Integrationszulage beträgt zwischen 100 und 300 Franken pro Monat, je nach Engagement.

MARTHA R. BEZIEHT SOZIALHILFE. Sie will so schnell wie möglich wieder auf eigenen Füssen stehen und bemüht sich sehr, eine neue Stelle zu finden. Eifrig durchforstet sie alle Stellenanzeigen, schreibt jeden Monat eine ganze Reihe von Bewerbungen und bespricht diese mit ihrer Sozialarbeiterin. Dafür wird Frau R. mit 200 Franken Integrationszulage belohnt.

ACHTUNG *Nicht alle Kantone kennen eine Integrationszulage. Überprüfen Sie im Sozialhilfegesetz und in der Sozialhilfeverordnung Ihres Kantons, ob diese vorgesehen ist (Links zu den Gesetzen und Verordnungen im Anhang).*

Offene Rechnungen und Schulden

Die Sozialhilfe sichert als letztes Auffangnetz der sozialen Sicherheit die Existenz. Sofern ein Anspruch besteht, bezahlt sie ab dem Zeitpunkt der Anmeldung das errechnete soziale Existenzminimum. Schulden übernimmt die Sozialhilfe hingegen in der Regel nicht.

Auch beim Thema Schulden gilt: Keine Regel ohne Ausnahme. Es gibt durchaus Situationen, in denen es sinnvoll ist, wenn die Sozialhilfe Schulden begleicht. Dies ist vor allem dann der Fall, wenn dadurch eine Notlage verhindert werden kann. In der Praxis werden vor allem Mietschulden und Ausstände bei der Krankenkasse vom Sozialdienst übernommen.

Schulden bei Vermieter und Krankenkasse

Wohnen Sie in einer sehr günstigen Wohnung, haben Mietschulden und der Vermieter droht mit der Kündigung? In diesem Fall kann der Sozialdienst Ihre Mietschulden begleichen, da Sie dadurch in der günstigen Wohnung bleiben können. Auf die Dauer kommt das die Gemeinde billiger.

TIPP *Suchen Sie das Gespräch mit Ihrer Sozialarbeiterin. Am besten nehmen Sie aktuelle Wohnungsinserate mit, die zeigen, dass es im Moment keine Wohnungen gibt, die gleich viel oder weniger kosten als Ihre. Wenn Sie gleichzeitig belegen* *können, dass Ihr Vermieter droht, die Wohnung zu kündigen, wenn die ausstehenden Mieten nicht bald bezahlt werden, gibt Ihnen das ein weiteres Argument in diesem Gespräch.*

Ausstände bei der Krankenkasse

Bezahlen Sie die Krankenkassenprämien nicht, werden Sie in der Regel zuerst eine Mahnung erhalten, auf der auch Verzugszinsen verlangt werden. Bezahlen Sie immer noch nicht, wird die Krankenkasse die Betreibung einleiten, was zusätzliche Kosten verursacht.

Solange Sie nicht alle ausstehenden Prämien, Verzugszinsen und Betreibungskosten bezahlt haben, können Sie die Krankenkasse nicht mehr wechseln. Zudem übernimmt die Krankenkasse in einigen Kantonen nur noch Notfallbehandlungen; für alle anderen Leistungen verhängt sie einen Leistungsstopp. Um dies zu verhindern, kann es durchaus sinnvoll sein, dass die Sozialhilfe Ihre Schulden bei der Krankenkasse übernimmt.

NUR NOCH NOTFALLBEHANDLUNGEN
In den folgenden Kantonen übernehmen die Krankenkassen bei Krankenkassenschulden nur noch Notfallbehandlungen (Stand 2021):
- Aargau
- Schaffhausen
- Zug
- Luzern
- Tessin
- St. Gallen
- Thurgau

Alimentenschulden

Wenn jemand knapp bei Kasse ist, können Alimentenzahlungen zur Last werden. Und wenn die Expartnerin, der Expartner die Ausstände per Inkassohilfe einfordert oder die Betreibung einreicht, wird es ungemütlich. Wenn Sie Sozialhilfe beziehen, können Sie beantragen, dass die Alimente nach unten angepasst werden. Folgende Bedingungen müssen dafür erfüllt sein:

- Bei Ihnen als Schuldner oder Schuldnerin ist eine erhebliche und unverschuldete Verschlechterung der finanziellen Situation eingetreten.
- Es handelt sich um eine dauerhafte Veränderung.
- Die veränderten Umstände waren bei der Scheidung oder Trennung nicht vorhersehbar.

Können Sie sich mit Ihrem Expartner, Ihrer Expartnerin über eine Herabsetzung einigen, lassen sich die Alimente ohne Gerichtsentscheid anpassen. Für die Kinderalimente brauchen Sie aber die Zustimmung der Kindes- und Erwachsenenschutzbehörde (Kesb). Finden Sie keine Einigung und sind alle Voraussetzungen für eine Alimentenanpassung gegeben, können Sie vor dem zuständigen Gericht die Anpassung einklagen.

SABINE UND ROLAND S. haben sich vor fünf Jahren scheiden lassen. Die drei Kinder leben bei der Mutter, Herr S. bezahlt Alimente. Im Scheidungsurteil ist festgehalten, dass er pro Kind 1000 Franken und für seine Exfrau 700 Franken zahlen muss. Seither ist viel passiert. Roland S. hat seine gut bezahlte Stelle in der Bank verloren und ist anschliessend in eine tiefe Depression gerutscht. Heute lebt er von der Sozialhilfe. In seinem Fall sind alle nötigen Voraussetzungen erfüllt und er kann eine Abänderung der Alimente einfordern. Er hat versucht, sich mit seiner Exfrau gütlich zu einigen. Weil das nicht möglich war, muss er beim zuständigen Gericht eine Abänderungsklage einreichen.

Steuerschulden

Die Sozialhilfe bezahlt weder Steuern noch Steuerschulden. Es gibt drei Möglichkeiten, mit Steuerschulden umzugehen: eine Ratenzahlung, eine Stundung und einen Steuererlass.

Die Steuerschulden in monatlichen **Raten** abzuzahlen, ist kaum möglich, wenn Sie Sozialhilfe beziehen.

Bei einer **Stundung** wird die Zahlungspflicht in der Regel maximal ein Jahr aufgeschoben. Diese Möglichkeit kann in Betracht gezogen werden, wenn jemand nur vorübergehend Sozialhilfe bezieht und absehbar ist, dass er oder sie bald wieder über dem Existenzminimum leben wird. Es gibt aber keinen Rechtsanspruch auf eine derartige Zahlungserleichterung. Der Entscheid liegt bei den Steuerbehörden.

TIPP *Setzen Sie sich bei Zahlungsschwierigkeiten möglichst schnell mit dem Steueramt in Verbindung und suchen Sie gemeinsam eine Lösung. Wenn Sie sich früh melden, stossen Sie eher auf Entgegenkommen.*

Ein **Steuererlass** bedeutet, dass das Steueramt auf Steuern ganz oder teilweise verzichtet. Für Menschen, die langfristig Sozialhilfe beziehen müssen, ist dies oft der einzige Weg aus der Schuldenfalle. Haben Sie noch andere Schulden, erhalten Sie aber meist keinen Steuererlass. Nur wenn alle Gläubiger auf einen gleichen Anteil an ihren Forderungen verzichten, ist das Steueramt auch dazu bereit. Das soll verhindern, dass andere Gläubiger bevorzugt werden. Auch Steuerfragen sind kantonal geregelt; je nach Kanton ist es sehr schwierig, einen Steuererlass zu erhalten.

TIPP *Die Steuerbehörden verfügen beim Steuererlass über einen Ermessensspielraum. Reichen Sie zusammen mit Ihrer Sozialarbeiterin auf dem Sozialdienst ein schriftliches, begründetes*

WER BEZAHLT DIE AHV-BEITRÄGE?
Alle Personen, die in der Schweiz leben und erwerbstätig sind, müssen ab dem 1. Januar des Jahres, in dem sie 18 werden, AHV-Beiträge bezahlen. Diese Beiträge werden automatisch vom Lohn abgezogen. Wer nicht erwerbstätig ist, muss ab dem 1. Januar, nachdem er oder sie 20 Jahre alt geworden ist, Beiträge entrichten – die Höhe hängt von den finanziellen Verhältnissen ab (mehr zur AHV auf Seite 83).

Auch Sozialhilfebezüger müssen AHV-Beiträge bezahlen, sonst erhalten sie später nur eine gekürzte AHV-Rente. Der Mindestbeitrag – für eine Person beträgt er 503 Franken pro Jahr (Stand 2021) – wird vom zuständigen Gemeinwesen übernommen. Diese Beträge müssen später nicht rückbezahlt werden.

Erlassgesuch ein. Zeigen Sie darin auf, weshalb Ihre aktuellen Verhältnisse die Bezahlung der Steuern nicht zulassen.

Prämienschulden bei Lebensversicherungen

Sie haben eine Lebensversicherung abgeschlossen, jetzt können Sie sich die Prämien nicht mehr leisten. Was tun?

Eine Lebensversicherung kann jederzeit vorzeitig aufgelöst werden. Dies ist jedoch in der Regel mit einer finanziellen Einbusse verbunden. Wird eine Lebensversicherung vorzeitig aufgelöst, erhält man den sogenannten Rückkaufswert ausgezahlt. Dieser Wert liegt umso tiefer, je weniger Zeit seit Vertragsabschluss vergangen ist. Die erste Jahresprämie muss in jedem Fall bezahlt werden. In vielen allgemeinen Vertragsbedingungen von Versicherern steht die Bestimmung, dass in den ersten drei Jahren der Rückkaufswert bei null liegt und bei einer Kündigung nichts zurückgezahlt wird.

VOR EINEM JAHR HAT WANDA T. eine Lebensversicherung abgeschlossen. Kurz darauf hat sie die Stelle verloren, inzwischen wird sie von der Sozialhilfe unterstützt. Um die Prämien einzusparen, möchte Frau T. die Versicherung kündigen. In den allgemeinen Versicherungsbedingungen liest sie, dass erst nach drei Jahren ein Rückkaufswert besteht. Kündigt sie jetzt, erhält sie also kein Geld zurück. Die Sozialhilfe bezahlt aber keine Prämien für Lebensversicherungen. Deshalb verlangt der Sozialdienst, dass sie den Versicherungsvertrag trotz Verlust kündigt.

Wenn die Sozialhilfe Vorschuss leistet

Gelder, die man von Dritten, etwa von der IV, zugut hat, werden nicht immer rechtzeitig ausgezahlt. Wer dadurch in Not gerät, kann einen Antrag auf Sozialhilfe stellen. Die Sozialhilfe bezahlt dann einen Vorschuss, um die Zeit zu überbrücken, bis die Gelder tatsächlich überwiesen werden.

Auch mit Vorschüssen deckt die Sozialhilfe nur das soziale Existenzminimum und übernimmt nur in Ausnahmefällen Schulden. Gemäss Subsidiaritätsprinzip (siehe Seite 106) gehen Gelder von Dritten, die man zugut hat, der Sozialhilfe vor. Erhält man einen Vorschuss, muss man deshalb eine Rückzahlungs- oder eine Abtretungsvereinbarung unterschreiben. Unter welchen Umständen ein Vorschuss der Sozialhilfe möglich ist, erfahren Sie in diesem Kapitel.

Warten auf IV- und andere Gelder

Abklärungen der IV, der Arbeitslosenversicherung, der Krankenkasse oder der Unfallversicherung ziehen sich manchmal in die Länge, schliesslich muss vieles abgeklärt werden. Aber auch Alimente oder Stipendien treffen nicht immer rechtzeitig auf dem Konto ein. Verständlich, dass Leute in einer solchen Situation in finanzielle Schwierigkeiten geraten können. Daher bietet die Sozialhilfe wenn nötig einen Vorschuss.

Warten auf die IV-Rente

Die Abklärungen der Invalidenversicherung dauern häufig sehr lange. Viele Personen, die sich bei der IV für eine Rente anmelden, müssen die Zeit bis zur tatsächlichen Auszahlung mit Geld von der Sozialhilfe überbrücken. Es ist gut möglich, dass die Sozialhilfe während Monaten, teilweise sogar während Jahren Vorschuss leisten muss. In vielen kantonalen Sozialhilfegesetzen ist geregelt, dass der Sozialbehörde ein direktes Rückforderungsrecht gegenüber der Invalidenversicherung zusteht. In diesen Kantonen müssen Sozialhilfebezüger und Sozialhilfebezügerinnen keine Rückzahlungsvereinbarung unterschreiben. Die IV darf das Geld auch ohne Unterschrift direkt dem Sozialdienst rückerstatten.

NACH EINEM UNFALL HAT KLAUS W. eine IV-Rente beantragt. Die Abklärungen ziehen sich aber in die Länge, er muss deshalb Sozialhilfe beantragen. Endlich spricht die IV ihm rückwirkend die Rente zu. In seinem Kanton besteht ein direktes Rückforderungsrecht der Sozialbehörde gegenüber der IV. Die IV überweist also das Geld direkt an den Sozialdienst. Dieser stellt für Herrn W. eine detaillierte Abrechnung zusammen. Aus dieser ist klar ersichtlich, wie viel Geld die IV an den Sozialdienst ausgezahlt hat und ob Klaus W. auch noch etwas überwiesen bekommt.

Warten auf Arbeitslosentaggeld oder Unfallversicherungsgelder
Es passiert immer wieder, dass Arbeitslosentaggelder nicht rechtzeitig ausgezahlt werden. Vielleicht muss die Arbeitslosenkasse erweiterte Abklärungen vornehmen, um den Anspruch zu überprüfen – etwa, weil nicht klar ist, ob Sie die Beitragszeit erfüllt haben. Oder die Abklärungen der Unfallversicherung ziehen sich in die Länge. Wer in einer solchen Situation in Not gerät, kann bei der Sozialhilfe einen Vorschuss verlangen.

Gut zu wissen: Sowohl die Abklärungen bei der Arbeitslosenkasse als auch bei der Unfallversicherung dauern meist nicht lange, und man kann sich schon bald wieder vom Sozialdienst loslösen.

Warten auf den Lohn
Es gibt viele Gründe, warum der Lohn nicht rechtzeitig aufs Konto kommt. Allen gemeinsam ist, dass sie jemanden schnell in eine Notlage bringen können. Deshalb ist es auch in diesem Fall möglich, vom Sozialdienst einen Vorschuss zu verlangen.

> **?** **Mein Arbeitgeber hat offensichtlich Zahlungsschwierigkeiten, seit zwei Monaten warte ich auf den Lohn. Unterdessen habe ich bald mein ganzes Vermögen aufgebraucht und komme langsam, aber sicher in finanzielle Schwierigkeiten. Wie weiter?**
>
> Melden Sie sich beim Sozialdienst an Ihrem Wohnort und beantragen Sie Sozialhilfe. Der Sozialdienst wird Ihnen bevorschussende Sozialhilfe auszahlen. Gleichzeitig sollten Sie aber alles unternehmen, um zu ihrem Lohn zu kommen. Mehr dazu erfahren Sie auf Seite 58.

Warten auf Stipendien, Kinderalimente und ähnliche Zahlungen

Die Abklärung, ob ein Anspruch auf Stipendien besteht, dauert oft mehrere Monate. Klar, dass das lange Warten mit ein Grund sein kann, dass jemand in eine finanzielle Notlage gerät. Die Sozialhilfe leistet auf Antrag einen Vorschuss.

Ähnlich bei einer Trennung oder Scheidung: Wenn sich die Parteien nicht einig sind, können sich die Verfahren sehr in die Länge ziehen. Dann dauert es auch lange, bis die Höhe der Alimente berechnet ist. Das bringt die Seite, die auf Unterhaltszahlungen angewiesen ist, in beträchtliche finanzielle Schwierigkeiten. Oder eine andere Situation: Die Alimente sind zwar berechnet, sie werden aber nicht bezahlt. Um in solchen Situationen eine Notlage abzuwenden, kann man sich beim Sozialdienst melden und einen Vorschuss beantragen.

> **?** Ich beginne im September mein Studium an der Universität. Da meine Eltern Sozialhilfe beziehen, können sie mich nicht unterstützen. Ich habe daher Stipendien beantragt. Auf der Website habe ich gelesen, dass es Monate dauert, bis mein Antrag geprüft wird. Wovon soll ich bis dann leben?
>
> Melden Sie sich beim Sozialdienst in Ihrer Wohngemeinde und beantragen Sie Sozialhilfe. Sie haben Anspruch auf einen Vorschuss. Wenn Sie die Stipendien rückwirkend zugesprochen bekommen, müssen Sie das Geld dem Sozialdienst rückerstatten.

Gelder dem Sozialdienst abtreten

Leistet die Sozialhilfe einen Vorschuss, muss dieser wieder rückerstattet werden. Und zwar sobald die Gelder, die man zugut hat, ausgezahlt werden. Das stellt der Sozialdienst schon beim Antrag auf einen Vorschuss mit einer Rückzahlungs- oder einer Abtretungsvereinbarung sicher. Selbstverständlich muss man nur so viel Geld zurückzahlen, wie man im selben Zeitraum an Sozialhilfe erhalten hat. Wird weniger Geld ausgezahlt, als Sie Sozialhilfe erhalten haben, darf der Sozialdienst den ganzen Betrag behalten.

Verlangt die Sozialbehörde Geld zurück, ist sie verpflichtet, eine detaillierte Abrechnung zu erstellen und die Sozialhilfeleistungen der rückwirkenden Leistung Dritter gegenüberzustellen.

TIPP *Es empfiehlt sich, eine solche Abrechnung als beschwerdefähige Verfügung zu verlangen. Denn nur gegen eine solche Verfügung können Sie sich wehren, falls Sie nicht einverstanden sind (mehr dazu auf Seite 196).*

Ich beziehe Sozialhilfe, weil sich die Abklärungen der IV in die Länge ziehen. Der Sozialdienst will nun, dass ich eine Abtretungserklärung unterschreibe. Ich möchte das nicht. Es kann ja sein, dass ich gar keine Rente bekomme, und dann habe ich eine Forderung unterschrieben...

Der Sozialdienst darf von Ihnen diese Unterschrift verlangen. Die unterschriebene Abtretungserklärung tritt aber nur dann in Kraft, wenn tatsächlich eine IV-Rente ausgerichtet wird. Wird Ihnen keine Rente zugesprochen, ist die Abtretungserklärung ungültig.

Die Verwandtenunterstützung

Im Erbrecht werden Verwandte in auf- und absteigender Linie bevorzugt behandelt: Sie sind pflichtteilsgeschützte Erben. Analog dazu müssen sie sich auch gegenseitig unterstützen. Dies regelt das Schweizerische Zivilgesetzbuch (ZGB) in den Artikeln 328 und 329. Diese gesetzliche Unterstützungspflicht kommt vor allem dann zum Tragen, wenn jemand Sozialhilfe bezieht, und gibt immer wieder Anlass zu Diskussionen.

Seit die Kassen der Kantone und der Gemeinden leerer geworden sind, kommen die beiden Gesetzesartikel vermehrt zur Anwendung, und die Verwandten werden zur Kasse gebeten. Unterstützungspflichtig ist aber nur, wer in «günstigen Verhältnissen» lebt. Was das konkret bedeutet und wie die Verwandtenunterstützung eingefordert werden kann, lesen Sie auf den folgenden Seiten.

> **?** Mein Onkel geht sehr verschwenderisch mit seinem Geld um, immer wieder macht er Schulden. Nachdem er nun auch noch bei der ALV ausgesteuert wurde, musste er sich beim Sozialdienst anmelden. Nun habe ich von der Verwandtenunterstützungspflicht gehört. Ich bin praktisch die einzige Verwandte meines Onkels – kann mich der Sozialdienst tatsächlich zwingen, ihn zu unterstützen?
>
> Nein, das kann der Sozialdienst nicht. Die Verwandtenunterstützungspflicht gilt nur für Verwandte in auf- und absteigender Linie, also für Grosseltern, Eltern, Kinder und Enkel. Als Nichte sind Sie von dieser Pflicht ausgenommen.

Wer muss Verwandte unterstützen?

Laut ZGB müssen sich Verwandte in auf- und absteigender Linie – in der sogenannten geraden Linie – gegenseitig unterstützen. Darunter versteht man sowohl Grosseltern und Eltern als auch Kinder und Enkel. Brüder, Schwestern und alle anderen Verwandten haben hingegen keine Unterstützungspflicht; die Gemeinden dürfen nicht auf sie zurückgreifen.

Was bedeutet «günstige Verhältnisse»?

Die Hürde, damit die Verwandtenunterstützung eingefordert werden kann, ist in der Schweiz relativ hoch. Nur wer über ein gewisses Einkommen und Vermögen verfügt – das Gesetz spricht von günstigen Verhältnissen –, kann dazu verpflichtet werden.

Eine Unterstützung kommt nur infrage, wenn die Einkommen aller im Haushalt lebenden Verwandten über bestimmten Beträgen liegen

GÜNSTIGE VERHÄLTNISSE

Einkommen pro Jahr	
Alleinstehende	120 000 Franken
Verheiratete	180 000 Franken
Zuschlag pro minderjähriges oder sich in Ausbildung befindendes Kind	20 000 Franken
Vom steuerbaren Vermögen kann folgender Freibetrag abgezogen werden	
Alleinstehende	250 000 Franken
Verheiratete	500 000 Franken
Pro Kind	40 000 Franken

(siehe Kasten auf der vorangehenden Seite). Das ZGB stellt zudem sicher, dass bei besonderen Umständen die Unterstützungspflicht ermässigt oder sogar aufgehoben werden kann.

> **URTEIL** *Das Bundesgericht sagt klar, dass eine gesetzliche Pflicht zur Verwandtenunterstützung erst ab einem monatlichen Einkommen von 10 000 Franken zum Tragen kommt. Dieses Urteil ist für die Skos wichtig, weil es per Januar 2009 zur Überarbeitung des Richtlinien-Kapitels zur Verwandtenunterstützung führte (BGE 5C.186/2006 vom 21.11.2007).*

Wie hoch ist die Verwandtenunterstützung?

Bezieht ein Verwandter in gerader Linie Sozialhilfe, wird man in der Regel vom Sozialdienst aufgefordert, die Steuerdaten einzureichen. Auf dieser Basis wird die Unterstützungspflicht geprüft. Der Sozialdienst kann nicht eigenmächtig einen Betrag verlangen; er muss versuchen, eine Einigung mit der unterstützungspflichtigen Person zu finden. Ist das nicht möglich, muss sich der Sozialdienst ans Gericht wenden. Dieses legt fest, ob und wie viel Verwandtenunterstützung geleistet werden muss.

> **TIPPS** *Arbeiten Sie mit dem Sozialdienst konstruktiv zusammen, wenn er bei Ihnen Verwandtenunterstützung geltend machen will. Reichen Sie die angeforderten Unterlagen ein und versuchen Sie, im Gespräch eine Einigung zu finden. Bleiben Sie dabei ruhig und bieten Sie Hand zu einer konstruktiven Lösung.*
>
> ---
>
> *Scheitern die Verhandlungen mit dem Sozialdienst, wird er die Verwandtenunterstützung möglicherweise vor Gericht einklagen.*

Die Prozessaussichten zu beurteilen, ist sehr schwierig. Droht Ihnen ein Gerichtsverfahren, sollten Sie deshalb einen Anwalt, eine Anwältin hinzuziehen.

> **?** Wir haben zwei erwachsene Kinder, Isabelle und Cyrill. Während unser Sohn mit beiden Beinen im Leben steht und sich seinen Lebensunterhalt selber verdient, hat die Tochter schon vor langer Zeit den Boden unter den Füssen verloren. Sie bezieht seit Jahren Sozialhilfe, und wir zahlen als Verwandtenunterstützung jeden Monat 500 Franken. Im Laufe der Jahre haben wir schon sehr viel Geld für Isabelle ausgegeben, was wir gegenüber Cyrill nicht gerecht finden. Können wir Isabelle diesen Betrag als Erbvorbezug vom späteren Erbe abziehen?
>
> Nein, das können Sie nicht. Eine Verwandtenunterstützung gilt nicht als Erbvorbezug.

Einzelfragen

Dürfen Sozialhilfebezüger Geschenke annehmen? Darf eine Sozialhilfebezügerin ein Auto unterhalten? Finanziert der Sozialdienst eine Aus- oder Weiterbildung? Wie sieht es mit Ferien aus? Ab wann muss eine alleinerziehende Mutter wieder arbeiten? Bezahlt der Sozialdienst Umzugskosten? Wie ist die Sozialhilfe für Selbständigerwerbende geregelt? Kann der Sozialdienst einen Vorbezug der AHV-Rente verlangen?

Alle diese Themen sind bisher nicht behandelt worden, weil sie in keines der Unterkapitel passen. Auf den folgenden Seiten finden Sie die Antworten.

Geschenke annehmen?

Mit einem Sozialhilfebudget sind keine grossen Sprünge möglich. Freunde und Angehörige haben manchmal Mitleid und möchten einer

> **?** Ich lebe von der Sozialhilfe. Ich finde es unmöglich, immer mit Bus oder Velo unterwegs zu sein. Mein Vater will mir nun ein Auto schenken, was ich total cool finde. Muss ich das dem Sozialdienst melden?
>
> Ja, das müssen Sie melden. Sie haben die Pflicht, korrekt über Ihr Einkommen und Vermögen Auskunft zu geben. Halten Sie sich nicht an diese Pflicht, kann Ihnen als Sanktion der Grundbedarf gekürzt werden.

sozialhilfebeziehenden Person mit etwas zusätzlichem Geld unter die Arme greifen. Das ist aber heikel.

Wer Sozialhilfe bezieht, hat die Pflicht, korrekt und vor allem unaufgefordert über Einkommen und Vermögen Auskunft zu geben. Grössere Geschenke muss man also dem Sozialdienst melden. Und dieses Geld wird ins Sozialhilfebudget eingerechnet, man erhält weniger Unterstützung. Unter dem Strich also ein Nullsummenspiel. Einzig kleinere Gelegenheitsgeschenke fallen nicht unter diese Regelung.

Das Auto behalten?

Wer Sozialhilfe bezieht, hat keinen gesetzlichen Anspruch darauf, das Auto behalten zu können. Normalerweise wird der Unterhalt eines Autos von der Sozialhilfe nicht übernommen. Die kantonalen Sozialhilfeverordnungen regeln, unter welchen Umständen dies doch möglich ist. Meist ist das nur dann der Fall, wenn jemand aus beruflichen oder medizinischen Gründen auf das Auto angewiesen ist. Die genaue

> **?** Ich beziehe seit Kurzem Sozialhilfe und habe ein Auto. Mein Sozialarbeiter hat mir mitgeteilt, dass die Unterhaltskosten nicht von der Sozialhilfe übernommen werden. Ich brauche das Auto aber unbedingt, um meine Arzttermine wahrzunehmen. Was soll ich tun?
>
> Sie können ein Gesuch um Übernahme der Unterhaltskosten an die Sozialbehörde stellen. Belegen Sie, dass Sie regelmässig zu Ärzten fahren müssen, die mit öffentlichen Verkehrsmitteln nicht erreichbar sind, und dass Sie deshalb dringend auf das Auto angewiesen sind.

Regelung für Ihren Kanton können Sie in der Sozialhilfeverordnung Ihres Kantons nachlesen (Link im Anhang).

Ein Auto wird zudem als Vermögen angesehen. Liegt der Wert Ihres Autos über dem kantonal definierten Vermögensfreibetrag, kann der Sozialdienst verlangen, dass Sie es verkaufen und vorerst vom Erlös leben, bis Sie unter die Grenze des Vermögensfreibetrags fallen. Erst dann können Sie sich erneut beim Sozialdienst anmelden und werden unterstützt.

Aus- und Weiterbildung

Die Sozialhilfe finanziert Aus- und Weiterbildungen nur sehr zurückhaltend:

- Erstens werden sie nur dann finanziert, wenn niemand anderes sie bezahlt. Kann also eine Aus- oder Weiterbildung durch Stipendien, Elternbeiträge, Leistungen der Arbeitslosen- oder Invalidenversicherung oder durch Hilfswerke finanziert werden, bezahlt die Sozialhilfe nichts.
- Zweitens werden Aus- oder Weiterbildungen nur dann von der Sozialhilfe übernommen, wenn damit die Chancen der sozialhilfebeziehenden Person auf dem Arbeitsmarkt erhöht werden. Der Sozialdienst wird zudem darauf achten, dass es sich um eine anerkannte Aus- oder Weiterbildung handelt.

TIPP *Haben Sie eine Weiterbildung gesehen, die Sie gern machen möchten? Überlegen Sie sich gut, mit welchen Argumenten Sie bei Ihrer Sozialarbeiterin die Übernahme der Kosten beantragen. Am besten schreiben Sie zu Hause alle Argumente auf, die für diese Weiterbildung sprechen. Besonders hilfreich ist es, wenn Sie zeigen, wie der Sozialdienst von dieser Weiterbildung profitieren kann – zum Beispiel, indem Sie dar-*

legen, wie Sie sich mit den erworbenen Kenntnissen von der Sozialhilfe lösen können.

Liegen Ferien drin?

Grundsätzlich müssen Sie, wenn Sie Sozialhilfe beziehen, dem Sozialdienst zur Verfügung stehen. Gut möglich, dass Ihre Sozialarbeiterin eine geeignete Integrations- oder Beschäftigungsmassnahme oder gar eine Arbeitsstelle für Sie findet. Dann müssen Sie da sein, um diese Massnahme oder Stelle antreten zu können.

Eine Ausnahme gibt es für Personen, die langfristig durch die Sozialhilfe unterstützt werden und erwerbstätig sind oder Betreuungsaufgaben wahrnehmen. Auch die Betreuung und Erziehung von Kindern gilt in diesem Zusammenhang als Erwerbstätigkeit. All diesen Personen sollen Ferien Erholung vom stressigen Alltag ermöglichen. Der Sozialdienst zahlt die Ferien zwar nicht, kann aber versuchen, sie durch Stiftungen oder durch Hilfswerke zu finanzieren (mehr zu günstigen Ferien lesen Sie auf Seite 21).

? **Ich bin alleinerziehende Mutter und lebe bereits seit zwei Jahren von der Sozialhilfe. In dieser ganzen Zeit habe ich keine Ferien mehr gemacht. Diesen Sommer möchte ich sehr gern mit meinen Kindern zwei Wochen an den Neuenburgersee fahren. Darf ich das überhaupt?**

Da Sie langfristig durch die Sozialhilfe unterstützt werden und allein für die Betreuung Ihrer Kinder zuständig sind, dürfen Sie das. Besprechen Sie Ihren Wunsch mit Ihrer Sozialarbeiterin. Sie wird Ihnen helfen, diese Ferien mithilfe von Stiftungen zu finanzieren.

Alleinerziehend – ab wann muss man erwerbstätig sein?

Auch bei alleinerziehenden Eltern, die durch die Sozialhilfe unterstützt werden, ist die berufliche Integration zentral. Von ihnen wird erwartet, dass sie sich spätestens, wenn das jüngste Kind ein Jahr alt ist, wieder in die Arbeitswelt integrieren. Eine gute Kinderbetreuung muss natürlich sichergestellt sein.

> **?** Ich bin alleinerziehende Mutter mit drei kleinen Kindern und beziehe Sozialhilfe. Heute hat mir die Sozialarbeiterin mitgeteilt, dass ich mir eine Arbeit suchen müsse. Aber mein Jüngster ist erst zwei Jahre alt. Bei der Scheidung hiess es, dass ich erst wieder arbeiten müsse, wenn der jüngste Sohn in den Kindergarten kommt. Warum verlangt der Sozialdienst trotzdem, dass ich mir jetzt schon eine Arbeit suche?
>
> In Scheidungsurteilen ist tatsächlich vorgesehen, dass Mütter erst dann wieder einer Erwerbsarbeit nachgehen müssen, wenn das jüngste Kind in die obligatorische Schule eintritt. In den meisten Kantonen ist damit der Kindergarteneintritt gemeint. Das Sozialhilferecht sieht das anders; hier ist geregelt, dass man schon, wenn das jüngste Kind ein Jahr alt ist, eine Arbeitsstelle suchen muss. Der Sozialdienst handelt also korrekt.

Können Selbständigerwerbende Sozialhilfe beziehen?

Auch Selbständigerwerbende können vom Sozialdienst unterstützt werden. Dies ist für eine befristete Zeit möglich, wenn:

- Der Betrieb ist nicht überschuldet, und aus den Einnahmen können mindestens die Geschäftsunkosten und die nötigen Rückstellungen finanziert werden.
- Der Betrieb ist zwar nicht selbsttragend, ist aber sehr wichtig und es fehlt lediglich ein verhältnismässig geringer Betrag.
- Es ist nicht damit zu rechnen, dass der oder die Selbständigerwerbende in absehbarer Zeit eine Stelle finden wird.

Bei der Unterstützung von Selbständigerwerbenden geht es um das Wiedererlangen der wirtschaftlichen Unabhängigkeit und um die Erhaltung einer Tagesstruktur. In einer schriftlichen Vereinbarung werden jeweils folgende Punkte geregelt:
- Frist für das Besorgen der notwendigen Unterlagen
- Frist für die Überprüfung
- Dauer der Unterstützung

INFO *Sind Sie selbständigerwerbend, ist die finanzielle Unterstützung in der Regel auf sechs Monate beschränkt. Innerhalb dieser Zeit klärt der Sozialdienst ab, ob sich Ihre Erwerbstätigkeit auch wirklich lohnt. Gut möglich, dass die Abklärung ergibt, dass Sie die Selbständigkeit aufgeben und sich eine Stelle suchen müssen.*

Vorbezug von Altersguthaben

Wer Ansprüche auf Leistungen der AHV, der 2. Säule und der Säule 3a geltend machen kann, muss dies tun. Dies fordert das Subsidiaritätsprinzip der Sozialhilfe (siehe Seite 106).

Die 2. Säule umfasst die Vorsorge nach dem Gesetz über die berufliche Vorsorge (BVG). Sie wird entweder durch Pensionskassen oder durch Versicherungen abgedeckt. Das angesparte Kapital ist für die

Altersvorsorge reserviert. Ist jemand nicht mehr berufstätig, aber auch noch nicht im Pensionsalter, werden die Gelder deshalb auf ein Freizügigkeitskonto überwiesen. Die Säule 3a ist die freiwillige gebundene Vorsorge, entweder über ein 3a-Bankkonto oder eine 3a-Versicherung. Pro Jahr darf nur ein gewisser Betrag eingezahlt werden.

AHV-Vorbezug

Leistungen der AHV gehen der Sozialhilfe vor. Zwei Jahre vor Erreichen des AHV-Alters kann man die Altersrente vorbeziehen (siehe Seite 87). Wer Sozialhilfe erhält, wird verpflichtet, dies zu tun.

TIPP *Durch einen Vorbezug der AHV-Rente wird diese während der ganzen Bezugsdauer gekürzt, und zwar um 6,8 Prozent pro Vorbezugsjahr. Wenn Sie diese Einbusse nicht mit Geldern der Pensionskasse auffangen können, können Sie unter Umständen Ergänzungsleistungen beantragen (siehe Seite 95).*

Vorbezug von Guthaben der 2. Säule und der Säule 3a

Auch die Leistungen der 2. Säule und der Säule 3a gehen der Sozialhilfe vor. Sie sind für die Altersvorsorge reserviert und können frühestens fünf Jahre vor Erreichen des Rentenalters bezogen werden. Benötigen Sie Sozialhilfe, sind Sie grundsätzlich verpflichtet, zuerst die Gelder der 2. Säule und/oder der Säule 3a vorzubeziehen. In der Regel müssen Sie das zusammen mit dem Vorbezug der AHV-Rente tun, also zwei Jahre vor Erreichen des AHV-Alters. Ausgelöste Guthaben der 2. Säule und der Säule 3a gelten als Vermögen und müssen für den Lebensunterhalt verwendet werden.

INFO *Auch wer eine ganze Rente der IV bezieht, kann die Guthaben der 2. Säule und der Säule 3a vor Erreichen des Rentenalters beanspruchen. Sind Sie in dieser Situation, werden Sie das tun müssen, bevor Sie Sozialhilfe erhalten.*

Sozialhilfe ist kein Geschenk: die Rückerstattung

Gelder der Sozialhilfe sind zwar keine Almosen, sie werden Ihnen aber auch nicht einfach geschenkt. Verbessert sich Ihre finanzielle Situation, müssen Sie das Geld unter Umständen zurückzahlen. Dieses Kapitel erklärt, wann dies der Fall ist und wann die Rückforderung verjährt.

Auch beim Thema Rückerstattung gilt: Jeder Kanton hat eine eigene Regelung. Einerseits unterscheiden sich die Umstände, wann jemand Gelder an den Sozialdienst rückerstatten muss. Andererseits sind auch die Regelungen, wie lange diese Gelder zurückgezahlt werden müssen, bis sie verjähren, kantonal unterschiedlich.

Einmal arm, immer arm?

Verbessert sich die finanzielle Situation einer Person, die Sozialhilfe bezogen hat, kann der Sozialdienst eine Rückerstattung prüfen. Dies insbesondere dann, wenn diese Person zu einem grösseren Vermögen kommt, zum Beispiel durch einen Lottogewinn oder eine Erbschaft. Die Skos-Richtlinien schlagen vor, dass eine Rückerstattung grundsätzlich nicht geltend gemacht werden soll, wenn jemand eine Arbeit findet und den Lebensunterhalt mit diesem Erwerbseinkommen wieder selber finanzieren kann. Aber nicht alle Kantone halten sich an diesen Vorschlag. In vielen ist eine Rückerstattung ausdrücklich auch aus späterem Einkommen vorgesehen.

> **INFO** *Welche Regelung bezüglich der Rückerstattungspflicht in Ihrem Kanton gilt, können Sie im kantonalen Sozialhilfegesetz und in der Sozialhilfeverordnung nachlesen (Link im Anhang).*

Beispiel: Kanton Zürich
Das Sozialhilfegesetz des Kantons Zürich regelt die Rückerstattung in Paragraf 27. Absatz 1, Litera b sagt, dass Sozialhilfe rückerstattet werden muss, wenn jemand aus folgenden Gründen in finanziell günstige Verhältnisse gelangt:
- Erbschaft
- Lottogewinn
- andere, nicht auf eigene Arbeitsleistung zurückzuführende Gründe

Aus einem späteren Lohn muss nur dann Sozialhilfe rückerstattet werden, wenn der Lohn zu ausserordentlich günstigen Verhältnissen führt.

> **FRANZISKA K. IST ALLEINSTEHEND.** Sie hat während drei Jahren Sozialhilfe bezogen. Dann hat sie wieder eine gute Stelle gefunden, konnte sich von der Sozialhilfe lösen und verdient nun 4500 Franken pro Monat brutto. Dieser Lohn führt nicht zu ausserordentlich günstigen Verhältnissen; Frau K. muss also im Kanton Zürich die bezogenen Sozialhilfegelder nicht rückerstatten.

Beispiel: Kanton St. Gallen
Das Sozialhilfegesetz des Kantons St. Gallen regelt die Rückerstattung in Artikel 18. Laut Absatz 1 muss bezogene Sozialhilfe zurückgezahlt werden, wenn sich die finanzielle Lage gebessert hat und eine Rückerstattung zumutbar ist. Eine Rückzahlung aus einem späteren Einkommen ist also klar vorgesehen.

◆ **WENN FRANZISKA K. IN ST. GALLEN WOHNT,** wird sie mit ihren 4500 Franken brutto rückerstattungspflichtig. Ihre finanzielle Situation hat sich gebessert und die Rückzahlung kann ihr zugemutet werden. Wie viel das sein soll, ist aber gesetzlich nicht eindeutig geregelt. Das liegt im Ermessen des Sozialdienstes.

? Vor sieben Jahren konnte ich mich endlich von der Sozialhilfe lösen. Nun ist mein Vater schwer erkrankt und wird vermutlich bald sterben. Muss ich, wenn ich erbe, Geld an die Sozialhilfe zurückzahlen?

Ja, das müssen Sie. Sozialhilfegelder sind grundsätzlich rückerstattungspflichtig. Gerade eine Erbschaft ist ein klarer Rückerstattungsgrund.

? Ich habe Sozialhilfeschulden, die noch nicht verjährt sind. Nun ist meine Mutter gestorben. Kann ich auf mein Erbe verzichten, damit ich die Gelder nicht zurückzahlen muss?

Nein, das können Sie nicht. Sie haben Anspruch auf Ihr Erbe. Verzichten Sie freiwillig auf das Erbe und schlagen es offiziell aus, so entziehen Sie dem Sozialdienst Geld, das ihm zusteht. Wenn Sie das Erbe nur aus dem Grund ausschlagen, damit der Sozialdienst das ihm zustehende Geld nicht erhält, kann er die Ausschlagung innerhalb von sechs Monaten sogar anfechten. Auf jeden Fall wird der Sozialdienst von Ihnen die Sozialhilfeschulden trotzdem zurückfordern.

Wann verjähren Sozialhilfeschulden?

Die Verjährungsfrist für die Rückforderung von Sozialhilfegeldern ist kantonal unterschiedlich geregelt, sie beträgt zwischen 10 und 20 Jahren. Welche Frist in Ihrem Kanton gilt, ist in der kantonalen Sozialhilfegesetzgebung geregelt (Link im Anhang).

INFO *In der ganzen Schweiz gilt, dass der Ehemann Sozialhilfe, die seine Frau vor der Ehe bezogen hat, nicht zurückzahlen muss – und umgekehrt. Schuldner oder Schuldnerin ist nur, wer die Unterstützung tatsächlich bezogen hat. Für voreheliche Schulden haftet die andere Seite nicht.*

Sozialhilfeschulden erben?

Wie alle anderen Schulden können auch Sozialhilfeschulden geerbt werden. In allen Kantonen ist aber geregelt, dass Sie nur dann Sozialhilfe der verstorbenen Person zurückzahlen müssen, wenn Sie auch tatsächlich etwas erben. Sie haften also nicht mit Ihrem Privatvermögen für die Sozialhilfeschulden. Für andere Schulden allerdings schon. Verschaffen Sie sich einen Überblick über den Nachlass der verstorbenen Person, zum Beispiel indem Sie beim Steueramt die Steuerunterlagen verlangen. So sehen Sie, wie viel Vermögen vorhanden ist. Bleiben mehr Schulden als Vermögen, sollten Sie das Erbe ausschlagen.

TIPP *Um ein Erbe auszuschlagen, haben Sie ab Kenntnis des Todesfalls drei Monate Zeit. Achtung: Wenn Sie sich in irgendeiner Weise in die Erbschaft einmischen – zum Beispiel Möbel aus der Wohnung des Verstorbenen mitnehmen –, können Sie die Erbschaft nicht mehr ausschlagen. Abonnentinnen und Abonnenten des Beobachters finden auf Guider.ch die für die Ausschlagung einer Erbschaft zuständigen Behörden.*

Ein Grundpfand verjährt nicht
Nicht immer wird verlangt, dass jemand, der Sozialhilfe bezieht, sein Wohneigentum verkauft (mehr dazu auf Seite 140). Dürfen Sie Ihr Eigenheim behalten, errichtet die Sozialbehörde darauf ein sogenanntes Grundpfand. Das heisst, dass bei einem späteren Verkauf des Eigenheims aus dem Erlös die bezogenen Sozialhilfegelder zurückgezahlt werden müssen. Dieses Grundpfand wird im Grundbuch eingetragen; es verjährt nicht.

> **?** Vor über 20 Jahren musste ich vorübergehend Sozialhilfe in Anspruch nehmen. Damals wurde auf meiner Eigentumswohnung ein Grundpfand errichtet. Nun möchte ich diese Wohnung verkaufen. Muss ich jetzt tatsächlich meine Sozialhilfeschulden zurückzahlen? Nach mehr als 20 Jahren sind die doch verjährt?
>
> Ja, Sie müssen zahlen. Ein Grundpfand verjährt nicht – im Gegensatz zu gewöhnlichen Sozialhilfeschulden.

Finanziell eigenständig werden und bleiben

Es ist nicht angenehm, wenn man von der Sozialhilfe leben muss. Das Budget ist so berechnet, dass keine grossen Sprünge möglich sind. Auch muss man sich stets dem Sozialdienst zur Verfügung halten und über alles Rechenschaft ablegen.

Aber wie kommt man wieder weg von der Sozialhilfe? Indem man seinen Lebensunterhalt wieder allein finanziert. Am einfachsten ist dies möglich, wenn man wieder eine Arbeitsstelle findet.

Das Wichtigste: wieder eine Arbeit finden

Eine neue Stelle zu suchen, braucht sehr viel Zeit. Organisieren Sie sich gut: Erstellen Sie eine Liste, in der Sie festhalten, bei welcher Firma Sie sich wann beworben haben und was das Resultat war. So haben Sie stets den Überblick, von welcher Firma Sie noch nichts gehört haben und wo es sich lohnt, telefonisch nachzufragen.

 BUCHTIPP

Schritt für Schritt zur neuen Stelle führt Sie dieser Beobachter-Ratgeber: **Stellensuche mit Erfolg. So bewerben Sie sich heute richtig.**
www.beobachter.ch/buchshop

Wo suchen?
Lassen Sie Ihr Netzwerk spielen, sprechen Sie mit Freundinnen und Bekannten darüber, dass Sie auf Stellensuche sind. Nach wie vor sind einige Stellen in Zeitungen ausgeschrieben, viele Unternehmen schreiben Ihre Stellen jedoch nur noch in Online-Stellenmärkten aus (siehe Kasten).

INTERESSANTE JOBPORTALE
- www.jobpilot.ch
- www.jobs.ch
- www.jobscout24.ch
- www.jobsuchmaschine.ch
- www.jobwinner.ch
- www.monster.ch
- www.stellenlinks.ch

Die Bewerbung

Ihr Bewerbungsdossier ist Ihre Visitenkarte. Achten Sie darauf, dass es vollständig, sauber und übersichtlich ist, und legen Sie Folgendes bei: ein Bewerbungsschreiben, Ihren Lebenslauf, sämtliche Zeugnisse und Diplome. Beachten Sie, dass Sie bei immer mehr Stellen ein elektronisches Dossier einreichen müssen.

- **Bewerbungsschreiben:** Das Bewerbungsschreiben ist ein sehr wichtiger Teil Ihrer Unterlagen: Schicken Sie auf keinen Fall einen Serienbrief. Nehmen Sie sich Zeit für das Schreiben, nehmen Sie Bezug auf das Stelleninserat, zeigen Sie, dass Sie sich bereits mit der Firma auseinandergesetzt haben, und erklären Sie, weshalb Sie die ideale Person für diese Stelle sind.
- **Lebenslauf:** Ihr Lebenslauf sollte lückenlos und übersichtlich sein. Üblicherweise wird er in Tabellenform erstellt. Nennen Sie bei den einzelnen Arbeitgebern nicht nur Ihre Funktion, sondern beschreiben Sie kurz Ihre wichtigsten Tätigkeiten. Geben Sie bei der Anstellungsdauer die genauen Daten an. Erwähnen Sie die besuchten Weiterbildungen und sagen Sie, was Ihre Hobbys sind. Sie beschreiben dadurch Ihre Persönlichkeit.

Das Bewerbungsgespräch

Eine gute Vorbereitung ist das A und O eines erfolgreichen Bewerbungsgesprächs.

- Informieren Sie sich im Vorfeld umfassend über die Firma. Sie finden die nötigen Informationen auf der Website oder im Geschäftsbericht.
  - Wie gross ist die Firma?
  - Was sind ihre Ziele?
  - Was sagt das Leitbild über die Firma aus?
  - Welche wichtigen Ereignisse stehen bevor?
- Der Interviewpartner wird Ihnen viele Fragen stellen. Darauf können Sie sich vorbereiten. Folgende Fragen werden häufig gestellt:
  - Erzählen Sie uns etwas über sich.
  - Warum haben Sie sich bei uns beworben?
  - Warum möchten Sie Ihren jetzigen Arbeitgeber verlassen?
  - Was wissen Sie über unsere Firma?
  - Warum denken Sie, dass Sie die richtige Person für diese Stelle sind?
  - Was sind Ihre Stärken und Schwächen?
  - Wie gehen Sie mit Kritik um?
  - Wie viel möchten Sie gerne verdienen?
- Auch Sie selber sollten Fragen stellen. Damit zeigen Sie, dass Sie sich mit der Stelle auseinandergesetzt haben. Halten Sie diese Fragen auf einem Zettel fest und nehmen Sie ihn mit.
- Tragen Sie saubere und gepflegte Kleidung. Achten Sie aber darauf, dass Sie sich nicht etwa verkleiden, sondern sich darin wohlfühlen.
- Planen Sie genügend Zeit für den Weg ein. Es kann auf der Strasse Stau haben, alle Parkplätze in der näheren Umgebung können besetzt sein oder Ihr Zug kann ausfallen. Besser, Sie haben noch Zeit, vor dem Gespräch einen Kaffee zu trinken, als dass Sie zu spät kommen.
- Merken Sie sich den Namen Ihres Interviewpartners, Ihrer Interviewpartnerin und begrüssen Sie ihn oder sie mit dem Namen.

WELCHE FRAGEN SIND TABU?
Im Bewerbungsgespräch geht es darum, dass der potenzielle Arbeitgeber sich ein Bild von Ihnen machen kann. Trotzdem darf nicht alles gefragt werden, gewisse Fragen sind klar verboten. Werden sie trotzdem gestellt, müssen Sie nicht antworten, Sie dürfen sogar lügen. Folgende Fragen sind tabu:
- Fragen zur Gesundheit (Sind Sie oft krank?)
- Fragen zur Familienplanung (Sind Sie schwanger?)
- Fragen zur Religion oder Parteizugehörigkeit (Sind Sie religiös? Welcher Partei gehören Sie an?)

TIPPS *Sie haben eine Absage erhalten? Erkundigen Sie sich telefonisch nach den Gründen. Bleiben Sie in diesem Gespräch offen und freundlich. Erklären Sie dem Gesprächspartner, dass Sie etwas für die weitere Stellensuche lernen möchten und dass es für Sie deshalb wichtig ist, zu verstehen, warum Sie die Stelle nicht bekommen haben.*

Gute Tipps für Ihre Bewerbung finden Sie auf der Website www.treffpunkt-arbeit.ch. Sie können sich auch beim Regionalen Arbeitsvermittlungszentrum (RAV) beraten lassen.

Nicht mehr abhängig von der Sozialhilfe

Sie konnten sich von der Sozialhilfe loslösen, jetzt heisst es, wieder auf eigenen Beinen zu stehen. Im ersten Kapitel finden Sie viele Tipps, wie Sie mit Ihrem Geld besser auskommen.

Die folgenden Punkte helfen Ihnen, in Zukunft finanziell eigenständig zu bleiben:

- Erstellen Sie ein Budget und teilen Sie Ihr Geld gut ein. Auch wenn es aufwendig ist und etwas Zeit braucht, lohnt es sich, ein Haushaltsbuch zu führen. So haben Sie Ihre Ausgaben stets im Blick (mehr dazu auf Seite 39).
- Überlegen Sie sich vor grösseren Anschaffungen kritisch, ob Sie sich diese tatsächlich leisten können. Vielleicht müssen Sie zuerst ein paar Monate warten und Geld zur Seite legen.
- Überweisen Sie jeden Monat einen Betrag für Steuern und Unvorhergesehenes auf ein separates Konto.

Vom richtigen Umgang mit Rechnungen
Auf Ihrem Schreibtisch liegen ein paar Rechnungen, für die Ihnen das Geld fehlt? Warten Sie nicht zu lange, unbezahlte Rechnungen können rasch in die Schuldenfalle führen. Machen Sie auf keinen Fall neue Schulden, um die alten zu bezahlen. Melden Sie sich frühzeitig bei einer anerkannten Schuldenberatungsstelle. Mehr Informationen zum Umgang mit Schulden finden Sie auf Seite 43.

Ein paar Rechnungen sind besonders wichtig: Familienrechtliche Verpflichtungen wie Kinder- oder Ehegattenalimente zum Beispiel haben Vorrang. Bezahlen Sie Alimente nicht, droht Ihnen eine Betreibung, im schlimmsten Fall sogar eine Strafverfolgung.

Nicht sinnvoll ist es, wenn Sie das Geld für die Krankenkassenprämien und die Steuerrechnung anderweitig ausgeben. Haben Sie Schulden bei der Krankenkasse, drohen Ihnen, wenn Sie krank werden, Leistungseinbussen (siehe Seite 161). Die Steuerbehörde wird auf ein Steuererlassgesuch gar nicht erst eintreten, wenn Sie anstelle der ausstehenden Steuern andere Schulden abgezahlt haben (mehr dazu auf Seite 163).

Zu den vordringlichen Rechnungen gehört schliesslich die Wohnungsmiete. Geraten Sie mit der Zahlung des Mietzinses in Verzug, kann der Vermieter Ihnen zuerst eine Nachfrist setzen, die mindestens dreissig Tage lang sein muss. Wenn Sie in dieser Zeit immer noch nicht bezahlen, kann er die ausserordentliche Kündigung aussprechen und das Mietverhältnis mit einer Frist von dreissig Tagen auf ein Monatsende auflösen.

> **TIPP** *Sie möchten in eine neue Wohnung ziehen? Achten Sie darauf, dass die Miete inklusive Nebenkosten nicht mehr als 30 Prozent Ihres Bruttoeinkommens beträgt.*

5

Sich wehren?
Gewusst wie

Sozialhilfe ist nicht willkürlich

Manchmal fällen Sozialhilfebehörden Entscheide, mit denen man nicht einverstanden ist. Was dann? Ist man der Behörde und ihren Entscheiden wehrlos ausgeliefert? Nein, das ist man zum Glück nicht.

Gegen Entscheidungen einer Behörde kann man sich wehren, man muss nur wissen wie. Man kann einen Antrag oder ein Gesuch stellen, eine Aufsichtsbeschwerde machen, einen Rekurs, eine Beschwerde oder Einsprache oder ein Wiedererwägungsgesuch einreichen. Was diese Begriffe genau bedeuten, erklärt Ihnen dieses Kapitel.

Anträge und Gesuche stellen

Mit einem Antrag oder einem Gesuch können Sie eine offizielle, schriftliche Bitte an die Sozialbehörde richten, zum Beispiel die Bitte, gewisse Zusatzkosten zu übernehmen. Es ist auf jeden Fall sinnvoll, wenn Sie in Ihrem Antrag oder Gesuch eine schriftliche Antwort verlangen. Sie können auch verlangen, dass die Antwort als Verfügung mit Rechtsmittelbelehrung ausgestellt wird. Dann können Sie sich gegen einen negativen Entscheid wehren (siehe Seiten 196 und 199).

◆ **FAMILIE H. WIRD VON DER SOZIALHILFE** unterstützt. Die jüngste Tochter möchte die Musikschule besuchen und Querflöte lernen. Der Grundbedarf reicht aber nicht aus, um die Musikschule zu bezahlen. Deshalb stellen die Eltern ein Gesuch, dass die Kosten im Rahmen von situationsbedingten Leistungen übernommen werden (siehe Musterbrief im Anhang).

> **TIPP** *Einen Antrag oder ein Gesuch müssen Sie stets schriftlich einreichen. Sie finden im Anhang ein Muster für ein Gesuch.*

Aufsichtsbeschwerden

Sie sind nicht zufrieden, wie die zuständige Sozialbehörde an Ihrem Wohnort arbeitet? Sie denken, dass diese Behörde nicht korrekt oder zu langsam gehandelt hat? Mit einer Aufsichtsbeschwerde können Sie die Behörde kritisieren. Wird Ihre Beschwerde gutgeheissen, kann die Aufsichtsbehörde der fehlbaren Behörde Anweisungen in Ihrem Sinn erteilen.

> **TIPP** *Wenn Sie eine Aufsichtsbeschwerde gegen die Sozialbehörde einreichen möchten, richten Sie diese in der Regel an das kantonale Sozialamt. Nehmen Sie sich Zeit für die Formulierung der Beschwerde und beschreiben Sie genau, was Sie beanstanden und warum.*

In Ihrer Aufsichtsbeschwerde müssen Sie sich mindestens zu folgenden Punkten äussern:
- Ihre Personalien und die genaue Adresse
- Angaben, welche Behörde Sie kritisieren
- Begründung für Ihre Beschwerde: Warum sind Sie mit dieser Behörde nicht zufrieden?
- Ort, Datum und Unterschrift
- Beilagen und Beweismittel

BRUNO O. HAT VOR ÜBER ACHT WOCHEN ein Gesuch um Sozialhilfe gestellt und hat alle nötigen Unterlagen eingereicht. Trotz mehrmaligem Nachfragen hat er bis heute keinen

SO GELINGT DAS GESPRÄCH MIT DEM SOZIALDIENST
- Gehen Sie mit einer positiven Einstellung ins Gespräch. Der Sozialdienst und die Sozialbehörde arbeiten für und nicht gegen Sie.
- Lassen Sie Ihr Gegenüber ausreden und hören Sie gut zu. Gehen Sie auf Anliegen und Erklärungen ein und nehmen sie diese ernst.
- Achten Sie auf das, was Sie gerade fühlen und denken. Wenn Sie traurig sind, reagiert Ihr Gegenüber anders auf Sie, als wenn Sie glücklich sind. Ihre Gefühle beeinflussen, was Sie sagen, was Sie tun und wie Sie es tun. Ihre Gefühle beeinflussen auch die Art, wie Sie Äusserungen Ihres Gegenübers wahrnehmen und wie Sie diese interpretieren.
- Sprechen Sie ungute Gefühle möglichst bald an. Schlucken Sie Ärger und Enttäuschung nicht einfach hinunter. Sonst besteht die Gefahr, dass alles Aufgestaute bei einem geringfügigen Anlass ungewollt und unbeherrscht hervorbricht und zu unnötigen Konflikten führt.
- Wenn Sie sich verletzt oder traurig fühlen, kann es nützlich sein, dies offen zu sagen.
- Sprechen Sie in «ich-Sätzen». Statt «man sollte» oder «jeder sollte» sagen Sie besser «ich möchte», «ich wünsche».
- Bleiben Sie sachlich, auch wenn Sie mit einem Entscheid nicht einverstanden sind. Drohen Sie nicht – auch nicht mit dem Beobachter.

Entscheid erhalten. Er reicht eine Aufsichtsbeschwerde ein, da er der Meinung ist, dass die Sozialbehörde die Behandlung seines Gesuchs über die Gebühr verzögert (siehe Musterbrief im Anhang).

Die beschwerdefähige Verfügung

Fällt eine Sozialbehörde einen Entscheid, teilt sie diesen mit einer schriftlichen, beschwerdefähigen Verfügung mit. Tut sie dies nicht und erhalten Sie einen gewöhnlichen Brief, können Sie den Entscheid

Fragen Sie stattdessen nach, warum Ihr Gegenüber so und nicht anders entschieden hat. Fragen Sie nach Alternativen und bringen Sie konstruktive Lösungsvorschläge ein.
- Unterstellen Sie dem Gegenüber keine bösen Absichten, die vielleicht gar nicht vorhanden sind. Vermeiden Sie Sätze wie «Das machen Sie sicher nur, um ...» oder «Sie wollen nur nicht, dass ...».
- Seien Sie bereit, Vorschläge zu überprüfen. Sie dürfen um Bedenkzeit bitten, wenn Sie etwas in Ruhe überlegen möchten.
- Sprechen Sie von sich aus Dinge an, die Sie hilfreich, nützlich und angenehm finden.
- Sprechen Sie auch Unklarheiten an.
- Bringen Sie Verständnis auf für die Situation des anderen: Jeder hat einmal einen schlechten Tag.
- Legen Sie Ihre Anliegen sachlich dar und begründen Sie diese verständlich.
- Versuchen Sie in der Person vis-à-vis in erster Linie den Menschen und nicht die Funktion zu sehen.
- Suchen Sie Ursachen für Spannungen auch bei sich selber. Fragen Sie sich aufrichtig, ob Sie immer offen und ehrlich gewesen sind.

in Form einer Verfügung verlangen. Darin erklärt die Sozialbehörde, warum sie so und nicht anders entschieden hat und auf welche gesetzlichen Grundlagen sie ihren Entscheid stützt. Diese Begründung muss so ausführlich sein, dass Sie die Auswirkungen des Entscheids auch wirklich abschätzen und nachvollziehen können.

Wichtig ist die sogenannte Rechtsmittelbelehrung am Schluss der Verfügung. Dort wird erklärt, innerhalb welcher Frist Sie sich wehren können, wenn Sie mit der Verfügung nicht einverstanden sind, und wo Sie Ihren Protest einreichen müssen. Häufig sind das die Bezirksgerichte.

> **TIPP** *Ihre Sozialarbeiterin hat Ihnen einen Entscheid nur mündlich mitgeteilt? Solange Sie diesen nicht in Form einer schriftlichen Verfügung erhalten, können Sie sich nicht dagegen wehren. Verlangen Sie freundlich eine Verfügung. Bleiben Sie höflich, aber bestimmt und lassen Sie sich nicht abwimmeln. Sie haben das Recht auf eine Verfügung.*

DAS GEHÖRT IN EINE VERFÜGUNG
- Der eigentliche Entscheid – zum Beispiel die Ablehnung eines Gesuchs
- Die Begründung für den getroffenen Entscheid – warum hat die Sozialbehörde so entschieden?
- Rechtsgrundlagen – Gesetz, Verordnung, Reglement etc.
- Rechtsmittelbelehrung – Frist und Beschwerdeinstanz

> **Ich habe kein Geld mehr und habe mich deshalb beim Sozialdienst gemeldet. Dort hat man mir gesagt, dass ich keinen Anspruch hätte. Was mache ich nun?**

Suchen Sie als Erstes das Gespräch mit dem zuständigen Sozialarbeiter und erkundigen Sie sich, warum Sie keinen Anspruch haben. Haben Sie nach diesem Gespräch das Gefühl, die Ablehnung sei nicht korrekt, können Sie eine schriftliche Verfügung verlangen. Solange Sie nur eine mündliche Aussage des Sozialdienstes haben, können Sie sich nicht wehren. Auf der Verfügung steht, innerhalb welcher Frist Sie sich wehren können und wo Sie Ihre Beschwerde einreichen müssen.

Fristen beachten
Halten Sie unbedingt die Frist ein, die auf der Verfügung angegeben ist, wenn Sie sich gegen einen Entscheid wehren wollen. Diese Frist kann nicht verlängert werden. Sobald sie abgelaufen ist, wird die Verfügung rechtskräftig. Das heisst: Was darin steht, gilt.

Beschwerde, Rekurs und Einsprache

Sind Sie mit einem Entscheid der Sozialbehörde nicht einverstanden, können Sie diesen weiterziehen beziehungsweise anfechten. Je nach kantonalem Recht oder Art des Entscheids nennt man dies eine Beschwerde, einen Rekurs oder eine Einsprache. Ihr Schreiben müssen Sie innerhalb der in der Rechtsmittelbelehrung angegebenen Frist an die dort genannte Stelle schicken. Wenn in der Rechtsmittelbelehrung nichts anderes vorgegeben ist, sollten Sie die Beschwerde eingeschrieben schicken.

Im Anhang finden Sie einen Musterbrief für eine Beschwerde. Sie müssen sich mindestens zu folgenden Punkten äussern:
- Ihre Personalien und die genaue Adresse
- Angaben, welchen Entscheid Sie anfechten
- Begründung: Was wollen Sie, was nicht? Warum?
- Ort, Datum und Unterschrift
- Beilagen und Beweismittel

JOLANDA N. WURDE IN EINER VERFÜGUNG mitgeteilt, dass sie ihr Auto verkaufen muss. Sie ist mit diesem Entscheid nicht einverstanden, da sie das Fahrzeug braucht, um Ihrer Arbeit an einer Autobahnraststätte nachzukommen (siehe Musterbrief im Anhang).

Wiedererwägungsgesuch

Mit einem Wiedererwägungsgesuch wird eine Sozialbehörde gebeten, auf einen bereits gefällten Entscheid zurückzukommen. Die Behörde ist gesetzlich nicht verpflichtet, auf ein solches Gesuch einzutreten. Sie kann frei entscheiden, ob sie das Gesuch bearbeitet oder nicht. Anders sieht es aus, wenn sich die Ausgangslage verändert hat oder wenn erhebliche neue Tatsachen oder Beweismittel aufgetaucht sind. Damit sich die Sozialbehörde mit dem Wiedererwägungsgesuch befassen muss und somit einen neuen Entscheid fällt, muss eine der folgenden Voraussetzungen erfüllt sein:
- Die Tatsachen und Beweismittel waren im früheren Verfahren nicht bekannt.
- Die Tatsachen und Beweismittel waren zwar bekannt, aber ihre Geltendmachung war im früheren Verfahren unmöglich.

URTEIL *Laut Bundesgericht besteht ein Anspruch auf Wiedererwägung nur dann, wenn die Umstände sich seit dem ersten Entscheid wesentlich geändert haben oder wenn der Gesuchsteller erhebliche Tatsachen und Beweismittel namhaft macht, die im früheren Verfahren nicht bekannt waren oder die schon damals geltend zu machen für ihn unmöglich war (BGE 136 ll 177 E. 2.1).*

JOHANN S. HAT IN EINEM GESUCH an die Sozialbehörde gebeten, dass man ihm für die Suche einer günstigeren Wohnung eine Fristerstreckung gewährt. Sein Gesuch wurde abgelehnt. Nun hat er sich bei einem Unfall einen komplizierten Oberarm- und Schulterbruch zugezogen. Seine Ärztin schreibt in einem Zeugnis, dass ein Umzug während sechs Monaten nicht möglich ist. Herr S. stellt daher ein Wiedererwägungsgesuch (siehe Musterbrief im Anhang).

Braucht man einen Anwalt?

Zu Beginn eines Verfahrens müssen Sie nicht unbedingt einen Anwalt, eine Anwältin beiziehen. Musterbriefe für Anträge und Gesuche sowie für Rekurse und Einsprachen finden Sie im Anhang. Zudem können Rechtsberatungsstellen die Erfolgsaussichten ebenso gut einschätzen und sind Ihnen unter Umständen sogar bei der Formulierung Ihres Anliegens behilflich.

Wird Ihr Fall hingegen vor Gericht verhandelt, ist eine Vertretung durch einen Anwalt oder eine Anwältin in der Regel sinnvoll. Die Gegenpartei wird sich bestimmt anwaltlich vertreten lassen.

Kein Geld für den Anwalt?

Auch Menschen mit einem knappen Budget soll es möglich sein, vor Gericht ihre berechtigten Ansprüche geltend zu machen. Daher kann man, wenn man kein Geld hat, die sogenannte unentgeltliche Rechtspflege beanspruchen. Wird sie gewährt, übernimmt die Staatskasse die Gerichts- und wenn nötig auch die Anwaltskosten. Folgende Voraussetzungen müssen Sie erfüllen, damit Sie die unentgeltliche Rechtspflege in Anspruch nehmen können:

- Das Gerichtsverfahren darf nicht aussichtslos erscheinen, und
- Sie müssen bedürftig sein, das heisst unter oder nur knapp über dem Existenzminimum leben.
- Sollen auch Anwaltskosten übernommen werden, müssen die zu klärenden Fragen so kompliziert sein, dass Sie als juristischer Laie nicht in der Lage sind, diese dem Gericht darzulegen.

Anwaltskosten werden nur im Rahmen eines Gerichtsprozesses übernommen. Weder eine Beratung noch eine aussergerichtliche Vermittlung gehört dazu. Zudem werden Gerichts- wie auch Anwaltskosten nur vorläufig bezahlt. Verbessert sich Ihre finanzielle Situation, können die Kosten innerhalb von zehn Jahren zurückgefordert werden.

Kürzungen und Missbrauchsvorwürfe

Unter gewissen Umständen darf die Sozialbehörde die Sozialhilfe kürzen. In wirklich krassen Fällen darf die Sozialhilfe sogar ganz gestrichen werden, zum Beispiel, wenn Sie gegen das Subsidiaritätsprinzip verstossen. Das ist der Fall, wenn Sie eine zumutbare Arbeit nicht annehmen. Welche Kürzungsmassnahmen in Ihrem Kanton vorgesehen sind, ist im kantonalen Sozialhilfegesetz geregelt.

Wann darf die Sozialhilfe gekürzt werden? Es geht vor allem um folgende Situationen:
- Sie haben Auflagen und Weisungen des Sozialdienstes nicht eingehalten.
- Sie verhalten sich unkooperativ.
- Sie wurden bereits einmal wegen eines Fehlverhaltens schriftlich verwarnt.

Wie viel kann gekürzt werden?

Wenn sich Sozialhilfebeziehende nicht an Auflagen halten oder die gesetzlichen Pflichten verletzen, kann die Sozialhilfe gekürzt werden. Kürzungen müssen jedoch verhältnismässig sein. Die Skos hat in ihren Richtlinien den Kürzungsumfang per 1. Januar 2016 erhöht. Neu ist eine maximale Kürzung von 30 Prozent möglich. Einige Kantone gehen gar noch weiter und kürzen bei wiederholten schweren Verstössen bis auf Nothilfe. Ist eine Familie betroffen, darf sich die Kürzung aber nicht negativ auf die Kinder auswirken.

Wie hoch die Kürzung ausfällt, hängt mit dem Verschulden der sozialhilfebeziehenden Person zusammen. Eine Kürzung darf für maximal zwölf Monate angeordnet werden. Beträgt sie 20 Prozent und mehr, darf sie nicht länger als sechs Monate dauern. Die maximale Kürzung von 30 Prozent darf nur bei wiederholtem oder schwerwiegendem Fehlverhalten angeordnet werden.

SAMIRA K. WURDE VERPFLICHTET, an einem Beschäftigungsprogramm teilzunehmen. Sie hat aber keine Lust und geht nicht mehr hin. Die Sozialbehörde verfügt, dass ihr Grundbedarf während sechs Monaten um 10 Prozent gekürzt wird.

ROBIN B. HAT BEREITS ZUM ZWEITEN MAL Einkommen nicht angegeben. Er hat für seinen Freund schwarz (also ohne davon Sozialabgaben zu zahlen) auf einer Baustelle gearbeitet. Die Sozialbehörde kürzt seinen Grundbedarf während sechs Monaten um 20 Prozent.

HELMUT J. HAT VON SEINEM VATER 50 000 Franken geerbt, die er nicht angegeben hat. Da er mit diesem Geld seinen Lebensunterhalt selber finanzieren kann, wird ihm die Sozialhilfe ganz gestrichen.

Missbrauch wird bestraft

Wie hoch die Missbrauchsquote bei sozialhilfebeziehenden Personen ist, lässt sich nur schwer abschätzen. Obwohl in den Medien oft von Sozialhilfemissbrauch die Rede ist, gehen Experten davon aus, dass bei der Sozialhilfe nicht mehr betrogen wird, als bei den Sozialversicherungen. Doch jeder Missbrauch ist einer zu viel.

Von Sozialhilfemissbrauch spricht man, wenn eine Person, die Sozialhilfe bezieht, falsche oder unvollständige Angaben zu den persönlichen und finanziellen Verhältnissen gemacht und nur deshalb

Sozialhilfe erhalten hat. Auch wenn jemand Gelder der Sozialhilfe für etwas anderes verwendet, spricht man von einem Missbrauch.

> ◉ **CYRILL W. LEBT ALLEIN** und wird von der Sozialhilfe unterstützt. Monatlich erhält er 800 Franken für seine Miete. Anstatt die Miete zu zahlen, hat er das Geld aber für einen Ausflug ins Casino ausgegeben. Er hat also Sozialhilfegelder zweckentfremdet und damit Sozialhilfemissbrauch begangen.

Sozialhilfemissbrauch hat strafrechtliche Folgen, wenn einer der folgenden Punkte zutrifft:
- Sie haben Einkommen oder Vermögen falsch deklariert.
- Sie gehen einer Schwarzarbeit nach.
- Sie haben mit Sozialhilfegeldern Schulden statt die Miete bezahlt.
- Sie haben wichtige Änderungen in Ihren persönlichen Verhältnissen verschwiegen, die zur Berechnung der Unterstützung wichtig wären.

Lügen haben kurze Beine – die Konsequenzen
Sozialhilfemissbrauch lohnt sich nicht. Neben den strafrechtlichen Konsequenzen – Sie können beispielsweise wegen Betrugs angeklagt werden – drohen weitere Folgen. Welche das genau sind, definieren die kantonalen Sozialhilfegesetze. In allen Kantonen muss man unrechtmässig bezogene Sozialhilfegelder zurückzahlen. In einigen Kantonen wird auf diesen Geldern zudem ein Zins verrechnet. Gewisse kantonale Sozialhilfegesetze sehen zudem das Verhängen einer Busse vor. Was in Ihrem Kanton genau gilt, können Sie im kantonalen Sozialhilfegesetz nachlesen (Link im Anhang). Personen mit einem ausländischen Pass können zudem ihr Aufenthaltsrecht in der Schweiz verlieren und ausgewiesen werden.

Nachwort des Mitherausgebers

In der Schweiz sind rund 8 Prozent der Bewohnerinnen und Bewohner von Armut betroffen und beziehen Sozialhilfe oder Ergänzungsleistungen. 130 000 von ihnen gehen einer regelmässigen Erwerbsarbeit nach. In ländlichen Gebieten bezieht nur jede vierte armutsbetroffene Person Sozialhilfe, weil dort die soziale Kontrolle und die Ächtung von Hilfsbedürftigen grösser sind als in anonymeren Städten. Andere verzichten auf staatliche Sozialhilfe aus Angst vor behördlichen Massnahmen (zum Beispiel Kesb), wegen Gefährdung von Aufenthaltsrecht oder Einbürgerung, wegen fehlenden Wissens über das Bezugsrecht, wegen mangelnder Sprachkenntnisse oder Kräfte für die Behördengänge, aus Scheu vor dem bürokratischen Aufwand, in der Hoffnung auf rasche finanzielle Erholung, aus Angst vor Autonomieverlust sowie wegen Bedenken, dass die Armut vom Staat nicht aktiv bekämpft wird. Die Schweizerische Gemeinnützige Gesellschaft (SGG) hat das Zustandekommen dieser Publikation gern mitermöglicht. Die SGG unterstützt seit über 200 Jahren Armutsbetroffene und ist überzeugt, dass dieses Buch auch für Sozialfachstellen und Vergabestiftungen, die mittellose Personen und Familien unterstützen, hilfreich ist. Es ist wichtig zu wissen, was die öffentliche Hand an Sozialhilfe zu leisten hat und was nicht. Eine faire Aufteilung der sozialen Aufgaben und Verantwortlichkeiten zwischen Staat, Zivilgesellschaft, Wirtschaft und den Bewohnerinnen und Bewohnern ist Voraussetzung für den Frieden in einer Gesellschaft. Noch lieber wäre der SGG ein landesweites Sozialhilfe-Rahmengesetz, weil so die Rechtsungleichheit in einem sehr sensiblen Bereich überwunden würde.

Lukas Niederberger,
Geschäftsleiter Schweizerische Gemeinnützige Gesellschaft

Anhang

Musterbriefe

⬇ Gesuch oder Antrag

Absender

Einschreiben
Adresse der zuständigen Behörde [Sie erfahren sie auf dem Sozialdienst oder finden sie im Telefonbuch.]

Ort und Datum

Gesuch

Sehr geehrte Damen und Herren

Unsere jüngste Tochter Rena geht in die zweite Primarklasse. Die Klasse konnte die Musikschule besichtigen und dort verschiedene Instrumente kennenlernen. Seither möchte unsere Tochter unbedingt Querflöte spielen lernen. Die Musikschule kostet aber 600 Franken pro Semester. Dies können wir mit unserem Sozialhilfebudget nicht finanzieren. *[Beschreiben Sie stattdessen Ihr eigenes Anliegen.]*

Wir stellen daher auf diesem Weg folgenden Antrag: Übernahme der Kosten für die Musikschule. *[Fügen Sie Ihren Antrag ein.]*

Ich bitte Sie, mein Gesuch wohlwollend zu prüfen. Sollten Sie es wider Erwarten ablehnen, bitte ich Sie um eine beschwerdefähige Verfügung.

Freundliche Grüsse
Unterschrift

 **Wiedererwägungsgesuch**

Absender

Einschreiben
Adresse der zuständigen Behörde [Sie erfahren sie auf dem Sozialdienst oder finden sie im Telefonbuch.]

Ort und Datum

Wiedererwägungsgesuch

Sehr geehrte Damen und Herren

Am 4. April 2021 habe ich in einem Gesuch beantragt, mir für die Suche einer günstigeren Wohnung eine Fristerstreckung zu gewähren. Dies wurde leider abgelehnt.

Gestern hatte ich einen Unfall und habe einen komplizierten Oberarm- und Schulterbruch erlitten. Unter diesen Umständen ist es mir laut meiner Ärztin in den nächsten sechs Monaten nicht möglich, in eine neue Wohnung zu ziehen (siehe beiliegendes Arztzeugnis). Ich bitte Sie daher, noch einmal auf mein Gesuch vom 4. April 2021 zurückzukommen und mir für die Suche einer günstigeren Wohnung eine Fristerstreckung zu gewähren. *[Schreiben Sie stattdessen, was Sie beantragt haben und weshalb Sie der Ansicht sind, dass Ihr Gesuch zu Unrecht abgelehnt wurde.]*

Freundliche Grüsse
Unterschrift

Beilage:
Arztzeugnis *[Führen Sie die mitgeschickten Beilagen auf.]*

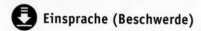 Einsprache (Beschwerde)

Absender

Einschreiben
Adresse der zuständigen Behörde [Sie finden sie im Entscheid.]

Ort und Datum

Beschwerde gegen den Entscheid vom 15. April 2021 *[Fügen Sie das für Sie geltende Datum ein.]*

Sehr geehrte Damen und Herren

Mit dem Entscheid vom 15. April 2021, in dem ich verpflichtet werde, mein Auto zu verkaufen, bin ich nicht einverstanden und reiche deshalb Beschwerde ein. *[Schreiben Sie stattdessen, mit welchem Entscheid Sie nicht einverstanden sind.]*

Meine Beschwerde begründe ich wie folgt: Ich arbeite Abendschichten in einer Autobahnraststätte. Die Arbeitszeiten dauern bis 23.00 Uhr. Es ist unmöglich, mit den öffentlichen Verkehrsmitteln zur Arbeit zu fahren, es gibt keine Verbindung. Ohne Auto kann ich daher diese Arbeit nicht mehr ausführen. *[Führen Sie Ihre Begründung an.]*

Ich beantrage daher, dass ich mein Auto behalten darf. *[Fügen Sie ein, was Sie wollen oder nicht wollen.]*

Ich bitte Sie, mein Anliegen zu prüfen und mir Ihren Entscheid schriftlich und mit einer Rechtsmittelbelehrung versehen zuzustellen.

Freundliche Grüsse
Unterschrift

Beilage:
Kopie des Entscheids vom 15. April 2021 *[Führen Sie die mitgeschickten Belege für Ihre Beschwerde auf.]*

 **Aufsichtsbeschwerde**

Absender

Einschreiben
Adresse der zuständigen Behörde [Sie erfahren sie auf dem Sozialdienst oder finden sie im Telefonbuch.]

Ort und Datum

Aufsichtsbeschwerde gegen die Sozialbehörde von XY *[Nennen Sie die Sozialbehörde, gegen die Sie Aufsichtsbeschwerde einlegen.]*

Sehr geehrte Damen und Herren

Vor über acht Wochen habe ich bei der Sozialbehörde XY ein Gesuch um Sozialhilfe gestellt. Trotz mehrmaligem Nachfragen und obwohl ich alle benötigten Unterlagen eingereicht habe, habe ich bis heute keinen Entscheid erhalten.

Die Skos-Richtlinien stellen in Kapitel A.5.1 das Verbot der Rechtsverweigerung und der Rechtsverzögerung sicher. Es steht dort wörtlich: «Sozialhilfeorgane dürfen die Behandlung eines Gesuchs nicht über Gebühr verzögern.»

Meiner Meinung nach verzögert aber die Sozialbehörde XY die Behandlung meines Gesuchs mehr als nur über Gebühr. Ich bitte Sie daher, sicherzustellen, dass sich die Sozialbehörde XY in Zukunft an die Vorgaben hält. *[Beschreiben Sie stattdessen Ihre Situation und Ihr Anliegen und fügen Sie Ihre Bitte an.]*

Freundliche Grüsse
Unterschrift

Kantonale Sozialhilfegesetze, Verordnungen und Handbücher

Die meisten Fragen zur Sozialhilfe sind in den kantonalen Gesetzen geregelt. Die Verordnungen und die Handbücher zeigen, wie die Gesetze im Alltag angewendet werden. In der folgenden Liste finden Sie hinter den Gesetzen oder den Verordnungen die Systemnummern, unter denen sie gefunden werden können.

AG Gesetz über die öffentliche Sozialhilfe und die soziale Prävention, 851.200
Sozialhilfe- und Präventionsverordnung, 851.211
https://gesetzessammlungen.ag.ch

Handbuch Soziales
www.ag.ch

AI Gesetz über die öffentliche Sozialhilfe, 850.00
Verordnung über die öffentliche Sozialhilfe, 850.010
www.ai.ch

AR Gesetz über die öffentliche Sozialhilfe, 851.1
Verordnung zum Gesetz über die öffentliche Sozialhilfe, 851.11
www.bgs.ar.ch

BE Gesetz über die öffentliche Sozialhilfe, 860.1
Verordnung über die öffentliche Sozialhilfe, 860.111
Handbuch für Sozialhilfe
www.gef.be.ch

BL Gesetz über die Sozial-, Jugend- und die Behindertenhilfe, 850
Sozialhilfeverordnung, 850.11
bl.clex.ch

Handbuch Sozialhilferecht
www.baselland.ch

BS Sozialhilfegesetz, 890.100
Keine Verordnung vorhanden
www.gesetzessammlung.bs.ch

Unterstützungsrichtlinien
www.sozialhilfe.bs.ch

FR Sozialhilfegesetz, 831.0.1
Ausführungsreglement zum Sozialhilfegesetz, 831.0.11
www.fr.ch

GE Loi modifiant la loi sur l'inertion et l'aide sociale individuelle, J 4 04
Règlement d'exécution de la loi sur l'insertion et l'aide sociale individuelle, J 4 04.01
www.ge.ch

GL Gesetz über die öffentliche Sozialhilfe, VIII E/21/3
Keine Verordnung vorhanden
https://gesetze.gl.ch

GR Gesetz über die öffentliche Sozialhilfe, 546.100
Gesetz über die Unterstützung Bedürftiger, 546.250
Ausführungsbestimmungen zum Gesetz über die öffentliche Sozialhilfe, 546.210
www.gr-lex.gr.ch

Handbuch Sozialhilfe für Gemeinden
www.gr.ch

JU Loi sur l'action sociale, RSJU 850.1
Ordonnance sur l'action sociale, RSJU 850.111
Arrêté fixant les normes applicables en matière d'aide sociale, RSJU 850.111.1
www.jura.ch

LU Sozialhilfegesetz, 892
Sozialhilfeverordnung, 892a
srl.lu.ch

Luzerner Handbuch zur Sozialhilfe
www.disg.lu.ch

NE Loi sur l'action sociale, RSN 831.0
Règlement d'exécution de la loi sur l'action sociale, RSN 831.01
rsn.ne.ch

NW Gesetz über die Sozialhilfe, 761.1
Vollzugsverordnung über die Sozialhilfe, 761.11
www.nw.ch

OW Sozialhilfegesetz, 870.1
Sozialhilfeverordnung, 870.11
gdb.ow.ch

SG Sozialhilfegesetz, 381.1
Keine Verordnung
www.gesetzessammlung.sg.ch

KOS-Richtlinien und Praxishilfe der KOS
www.kos-sg.ch

SH Gesetz über die öffentliche Sozialhilfe und soziale Einrichtungen, 850.100
Verordnung über die öffentliche Sozialhilfe und soziale Einrichtungen, 850.111
rechtsbuch.sh.ch

Handbuch Öffentliche Sozialhilfe
www.sh.ch

SO Sozialgesetz, 831.1
Sozialverordnung, 831.2
bgs.so.ch

SZ Gesetz über die Sozialhilfe, 380.100
Vollziehungsverordnung zum Gesetz über die Sozialhilfe, 380.111
Schwyzer Handbuch für Sozialhilfe
www.sz.ch

TI Legge sull'assistenza sociale, 6.4.11.1
Regolamento sull'assistenza sociale, 6.4.11.1.1
www.ti.ch

TG Gesetz über die öffentliche Sozialhilfe, 850.1
Verordnung des Regierungsrates zum Gesetz über die öffentliche Sozialhilfe, 850.11
tg.celex.ch

Leitsätze zur Rechtsprechung in der Sozialhilfe
www.dfs.tg.ch

UR Gesetz über die öffentliche Sozialhilfe, 20.3421
Keine Verordnung vorhanden
ur.lexspider.com

Sozialhilfehandbuch
www.ur.ch

VD Loi sur l'action sociale vaudoise, 850.051
Règlement d'application de la loi du 2 décembre sur l'action sociale vaudoise, 850.051.1
www.rsv.vd.ch

VS Gesetz über die Eingliederung und die Sozialhilfe, 850.1
Ausführungsreglement zum Gesetz über die Eingliederung und die Sozialhilfe, 850.100
www.vs.ch

ZG Gesetz über die Sozialhilfe, 861.4
Verordnungen zum Sozialhilfegesetz, 861.41
https://bgs.zg.ch

Handbuch Sozialhilfe
www.zg.ch

ZH Sozialhilfegesetz, 851.1
Verordnung zum Sozialhilfegesetz, 851.11
www.zhlex.zh.ch

Sozialhilfe-Behördenhandbuch
www.sozialhilfe.zh.ch

Nützliche Adressen und Links

Beratung

Beobachter-Beratungszentrum
Das Wissen und der Rat der Fachleute in acht Rechtsgebieten stehen den Mitgliedern des Beobachters im Internet und am Telefon zur Verfügung. Wer kein Abonnement der Zeitschrift oder von Guider hat, kann online oder am Telefon eines bestellen und erhält sofort Zugang zu den Dienstleistungen.

- www.guider.ch: Guider ist der digitale Berater des Beobachters mit vielen hilfreichen Antworten bei Rechtsfragen.
- Telefon: Montag bis Freitag von 9 bis 13 Uhr, Direktnummern der Fachbereiche unter www.beobachter.ch/beratung (→ Beratung am Telefon) oder Tel. 043 444 54 00; Fachbereich Sozialberatung: Tel. 043 444 54 08
- Kurzberatung per E-Mail: Link zu den verschiedenen Fachbereichen unter www.beobachter.ch/beratung (→ Beratung per E-Mail)

Unabhängige Fachstelle für Sozialhilferecht UFS
Pflanzschulstrasse 56
8004 Zürich
Tel. 043 540 50 41
Mo 11.00–14.00 h, Mi 9.00–12.00 h
www.sozialhilfeberatung.ch

Caritas
16 regionale Caritas-Organisationen bieten neben anderem auch Beratungen an. Adressen unter: www.caritas.ch
(→ Organisation → Regionale Caritas)

Berner Rechtsberatung für Menschen in Not
Eigerplatz 5
3007 Bern
031 385 18 20
info@rbsbern.ch
Öffnungszeiten für Kurzberatungen und Terminvereinbarungen
Montag–Donnerstag 9.00–12.00 Uhr

www.inclusion-handicap.ch
Inclusion Handicap
Mühlemattstrasse 14a
3007 Bern
Tel. 031 370 08 30
Rechtsdienst für Menschen mit Behinderung, Unterstützung bei der Eingliederung, Beratungsstellen in Bern, Lausanne, Zürich

Pro Senectute Schweiz
Lavaterstrasse 60/Postfach
8027 Zürich
Tel. 044 283 89 89
www.prosenectute.ch
Über 130 regionale Beratungsstellen

www.procap.ch
Procap
Rechtsdienst
Frohburgstrasse 4
4601 Olten
Tel. 062 206 88 88

www.proinfirmis.ch
Pro Infirmis
Feldeggstrasse 71
Postfach
8032 Zürich
Tel. 058 775 20 00
Auf der Website finden Sie die Adresse der Beratungsstelle in Ihrem Kanton.

www.rechtsberatung-up.ch
Rechtsberatungsstelle UP für Unfallopfer und Patienten
Alderstrasse 40
8008 Zürich
Tel. 0800 707 277
Weitere Beratungsstandorte in Basel, Bern, Luzern, St. Gallen und Aargau

Skos
Hier finden Sie die aktuellen Sozialhilferichtlinien sowie umfassende Informationen, Empfehlungen, Positionen und Themendossiers rund um die Sozialhilfe.
www.skos.ch

Anwaltssuche:
www.djs-jds.ch
Demokratische Juristinnen und Juristen der Schweiz
Schwanengasse 9
3011 Bern
Tel. 078 617 87 17
Mitgliederliste mit Spezialgebieten

www.sav-fsa.ch
Schweizerischer Anwaltsverband
Marktgasse 4
3001 Bern
Tel. 031 313 06 06
Anwaltssuche nach Fachgebieten

Kantonale Fürsorge- und Sozialdirektionen

Bei den kantonalen Fürsorge- und Sozialdirektionen erhalten Sie Auskunft über die Anwendung der Skos-Richtlinien in Ihrem Kanton sowie Adressen von Sozialdiensten und Beratungsstellen.

AG Kantonaler Sozialdienst
Obere Vorstadt 3
5000 Aarau
Tel. 062 835 29 90
www.ag.ch

AI Gesundheits- und Sozialamt
Hoferbad 2
9050 Appenzell
Tel. 071 788 94 54
www.ai.ch

AR Amt für Soziales
Kasernenstrasse 17
9102 Herisau
Tel. 071 353 65 92
www.ar.ch

BE Gesundheits-, Sozial- und
Integrationsdirektion
Rathausgasse 1
3000 Bern 8
Tel. 031 633 78 02
www.gef.be.ch

BL Kantonales Sozialamt
Gestadeckplatz 8
4410 Liestal
Tel. 061 552 56 41
www.baselland.ch

BS Departement für Wirtschaft,
Soziales und Umwelt
Sozialhilfe
Rheinsprung 18
4001 Basel
Tel. 061 267 85 44
www.sozialhilfe.bs.ch

FR Kantonales Sozialamt
Routes des Cliniques 17
1701 Freiburg
Tel. 026 305 29 92
www.fr.ch

GE Direction générale
de l'action sociale (DGAS)
Boulevard Georges-Favon 26
Case postale 5684
1211 Genève 11
Tel. 022 546 51 11
www.ge.ch

GL Departement Volkswirtschaft
und Inneres
Soziales
Zwinglistrasse 6
8750 Glarus
Tel. 055 646 66 00
www.gl.ch

GR Departementssekretariat
Departement für Volkswirtschaft
und Soziales
Ringstrasse 10
7001 Chur
Tel. 081 257 23 03
www.dvs.gr.ch

JU Service de l'action sociale
20, faubourg des Capucins
2800 Delémont
Tel. 032 420 51 40
www.jura.ch

LU Dienststelle Soziales und
Gesellschaft
Sozialhilfe
Rösslimattstrasse 37
6002 Luzern
Tel. 041 228 68 78
https://disg.lu.ch

NE Office cantonal de l'aide sociale
Espace de l'Europe 2
2002 Neuchâtel
Tel. 032 889 66 00
www.ne.ch

NW Gesundheits- und Sozialdirektion
Sozialamt
Engelbergstrasse 34
6371 Stans
Tel. 041 618 76 02
www.nw.ch

OW Sicherheits- und Justiz-
departement
Sozialamt
Dorfplatz 4
6061 Sarnen
Tel. 041 666 64 62
www.ow.ch

SG Amt für Soziales
Spisergasse 41
9001 St. Gallen
Tel. 058 229 33 18
www.sg.ch

SH Kantonales Sozialamt
Walther-Bringolf-Platz 4
8201 Schaffhausen
Tel. 052 632 76 85
www.sh.ch

SO Amt für soziale Sicherheit
Ambassadorenhof
Riedhofplatz 3
4509 Solothurn
Tel. 032 627 23 11
www.so.ch

SZ Amt für Gesundheit und Soziales
Kollegiumstrasse 28
6431 Schwyz
Tel. 041 819 16 65
www.sz.ch

TI Ufficio sostegno sociale e inserimento
Viale Officina 6
6500 Bellinzona
Tel. 091 814 70 51
www.ti.ch

TG Sozialamt des Kantons Thurgau
Promenadenstrasse 16
8510 Frauenfeld
Tel. 058 345 68 20
www.sozialamt.tg.ch

UR Gesundheits-, Sozial- und Umweltdirektion
Klausenstrasse 4
6460 Altdorf
Tel. 041 875 24 30
www.ur.ch

VD Département de la santé et de l'action sociale (SG-DSAS)
Rue des Casernes 2
1014 Lausanne
Tel. 021 316 51 85
www.vd.ch

VS Dienststelle für Sozialwesen
Av. de la Gare 23
1950 Sion
Tel. 027 606 48 00
www.vs.ch

ZG Kantonales Sozialamt
Neugasse 2
6301 Zug
Tel. 041 728 39 61
www.zg.ch

ZH Kantonales Sozialamt
Schaffhauserstrasse 78
8090 Zürich
Tel. 043 259 24 51
www.zh.ch

Hilfreiche Links bei finanziellen Problemen

www.beobachter.ch/sos-beobachter
Stiftung SOS Beobachter für rasche und unbürokratische Hilfe in Notlagen

www.bon-lieu.ch
Informationen zu günstigen Restaurants

www.budgetberatung.ch
Website der schweizerischen Budgetberatungen mit Budgetvorlagen und Adressen der regionalen Beratungsstellen

www.caritas.ch
Website der Caritas Schweiz; regionale Stellen finden Sie unter der Rubrik «Wer wir sind» (→ Organisation → Regionale Caritas), die Caritas-Märkte unter www.caritas-markt.ch

www.edi.admin.ch
(→ Eidgenössische Stiftungsaufsicht → Stiftungsverzeichnis)
Verzeichnis der Stiftungen in der Schweiz, mit Suchfunktion nach Themen und Namen; die bekanntesten Stiftungen im Bereich der Einzelfallhilfe sind: SOS Beobachter, die Winterhilfe, die Schweizerische Gemeinnützige Gesellschaft und die gemeinnützigen Gesellschaften in den Kantonen, das Seraphische Liebeswerk und Schwiizer hälfed Schwiizer.

www.kovive.ch
Günstige Ferien für Kinder aus mittellosen Familien

www.kulturlegi.ch
Informationen zur KulturLegi und Anmeldung dafür

www.reka.ch
Informationen zu günstigen Ferien unter der Rubrik «Sozialangebote» (→ Ferien für 200 Franken).

www.schulden.ch
Dachverband der schweizerischen Schuldenberatungsstellen mit Adressen anerkannter Beratungsstellen

www.spendenspiegel.ch
Übersicht über Stiftungen in der Schweiz, mit Suchfunktion nach Themen und Kantonen

www.tischlein.ch
Lebensmittelhilfe der Organisation «Tischlein deck dich»

Weiterführende Bücher

Beobachter-Ratgeber

Baumgartner, Gabriela: **Clever mit Geld umgehen.** Budget, Sparen, Wege aus der Schuldenfalle. 3. Auflage, Beobachter-Edition, Zürich 2019

Bräunlich Keller, Irmtraud: **Flexible Jobs.** Temporär, Teilzeit, Freelance – was ich über meine Rechte wissen muss. 3. Auflage, Beobachter-Edition, Zürich 2018

Bräunlich Keller, Irmtraud: **Job weg.** Wie weiter bei Kündigung und Arbeitslosigkeit? 4. Auflage, Beobachter-Edition, Zürich 2018

Dacorogna, Laetitia; Dacorogna-Merki, Trudy: **Stellensuche mit Erfolg.** So bewerben Sie sich heute richtig. 15. Auflage, Beobachter-Edition, Zürich 2017

Haldimann, Urs: **Glücklich pensioniert – so gelingts.** Zusammenleben, Wohnen, Geld und Recht in der neuen Lebensphase. 6. Auflage, Beobachter-Edition, Zürich 2019

Hubert, Anita: **Ergänzungsleistungen.** Wenn die AHV oder IV nicht reicht. 5. Auflage, Beobachter-Edition, Zürich 2021

Friedauer, Susanne; Gehring, Kaspar: **IV – was steht mir zu?** Das müssen Sie über Renten, Rechte und Versicherungen wissen. 7. Auflage, Beobachter-Edition, Zürich 2020

Limacher, Gitta: **Krankheit oder Unfall – wie weiter im Job?** Das gilt, wenn Sie nicht arbeiten können. 5. Auflage, Beobachter-Edition, Zürich 2018

Reemts Flum, Brigitte; Nadig, Toni: **50 plus – Neuorientierung im Beruf.** Chancen erkennen und mit Erfahrung punkten. 2. Auflage, Beobachter-Edition, Zürich 2018

Weitere Bücher

Akkaya, Gülcan: **Grund- und Menschenrechte in der Sozialhilfe.** Ein Leitfaden für die Praxis. Interact Verlag, Luzern 2015

Schuwey, Claudia; Knöpfel, Carlo: **Neues Handbuch Armut in der Schweiz.** 2. Auflage, Caritas-Verlag, Luzern 2014

Ratgeber, auf die Sie sich verlassen können

Ergänzungsleistungen

Wenn die AHV- oder IV-Rente zum Leben nicht reicht, kommen die Ergänzungsleistungen (EL) zum Zug. Dieser Ratgeber zeigt mit vielen Beispielen aus der Beobachter-Beratungspraxis, wie das System der EL funktioniert und wer Anspruch auf Leistungen hat. So wissen Betroffene und Angehörige Bescheid über ihre Rechtsansprüche.

184 Seiten, Broschur
ISBN 978-3-03875-351-3

IV – Was steht mir zu?

Betroffene und Angehörige erfahren alles über Angebote, Rechte und Möglichkeiten, die Menschen mit Beeinträchtigungen offenstehen. Das Buch erklärt, was die IV leistet, wie das Verfahren abläuft und wie die verschiedenen Sozialversicherungen in der Schweiz zusammenspielen.

240 Seiten, Klappenbroschur
ISBN 978-3-03875-291-2

Krankheit oder Unfall – wie weiter im Job?

Es kann alle treffen: Arbeitsunfähigkeit etwa nach einer Krankheit, einem Unfall oder einer Operation. Wer plötzlich am Arbeitsplatz ausfällt, hat viele finanzielle und arbeitsrechtliche Fragen und vielleicht auch Ängste. Dieser Ratgeber bietet alle nötigen Informationen.

200 Seiten, Broschur
ISBN 978-3-03875-050-5

Die Bücher des Beobachters: einfach, schnell, online. beobachter.ch/shop

Ratgeber, auf die Sie sich verlassen können

Alles über die KESB

Dieser Ratgeber gibt einen Einblick ins Tätigkeitsfeld und den Aufgabenbereich der Kesb. Er vermittelt, warum das Kindes- und Erwachsenenschutzgesetz uns alle angeht und welche Überlegungen wir anstellen sollten für uns selbst und unsere Angehörigen.

216 Seiten, Klappenbroschur
ISBN 978-3-03875-245-5

Betreuung und Pflege im Alter

Wie reagiert man bei einem Pflegefall im Alter? Dieser Ratgeber enthält die nötigen Informationen und hilft, kompetent und vorausschauend wichtige Abklärungen zu treffen und im Notfall die richtigen Entscheide zu fällen.

184 Seiten, Broschur
ISBN 978-3-03875-288-2

Job weg

Alles Wichtige rund um Kündigung und Arbeitslosigkeit: das richtige Verhalten – auch gegenüber dem RAV –, die Höhe des Taggelds, der nötige Versicherungsschutz. Dieses Buch bietet alle Informationen, die Betroffene brauchen, und zwar praxisnah, aktuell und kompakt.

192 Seiten, Broschur
ISBN 978-3-03875-094-9

Die Bücher des Beobachters: einfach, schnell, online. beobachter.ch/shop